Kauderwelsch
Band 101

Indígena-Frau im Andenhochland

Impressum

Enno Witfeld
Spanisch für Chile – Wort für Wort
erschienen im
Reise Know-How Verlag Peter Rump GmbH
Osnabrücker Str. 79, D-33649 Bielefeld
info@reise-know-how.de

8. Auflage 2018

Bearbeitung Josef Overberg, Alexander Schwarz
Layout Svenja Lutterbeck
Layout-Konzept Günter Pawlak, FaktorZwo! Bielefeld
Umschlag Peter Rump (Titelfoto: Norberto Seebach)
Fotos alle außer S. 78: Handelsbüro ProChile, Hamburg mit den Fotografen: Jaime Riba: S. 1; Corporación: S. 8/9; Gaston Oyarzun: S. 16, 40, 171; Norberto Seebach: Coverfoto, S. 23; Francisco Tagini: S. 96/97; George Munro: S. 93; Foto S. 78: Malte Sieber
Druck & Bindung Media-Print Informationstechnologie GmbH, Paderborn

ISBN: 978-3-8317-6525-6

Printed in Germany

Wer im Buchhandel kein Glück hat, bekommt unsere Bücher zuzüglich Porto- und Verpackungskosten auch direkt über unseren Internet-Shop: ***www.reise-know-how.de***

Die Internetseiten mit Aussprachebeispielen und der Zugriff auf diese über QR-Codes sind eine freiwillige, kostenlose Zusatzleistung des Verlages. Der Verlag behält sich vor, die Bereitstellung des Angebotes und die Möglichkeit der Nutzung zeitlich und inhaltlich zu beschränken. Der Verlag übernimmt keine Garantie für das Funktionieren der Seiten und keine Haftung für Schäden, die aus dem Gebrauch der Seiten resultieren. Es besteht ferner kein Anspruch auf eine unbefristete Bereitstellung der Seiten.

Der Verlag möchte die **Reihe Kauderwelsch** weiter ausbauen und **sucht Autoren!** Mehr Informationen finden Sie unter ***www.reise-know-how.de/verlag/mitarbeit***

Kauderwelsch

Enno Witfeld

Spanisch für Chile

Wort für Wort

Kauderwelsch heißt:

- Schnell mit dem **Sprechen** beginnen, auch wenn nicht immer alles korrekt ist.
- Von der **Grammatik** wird nur das Wichtigste in einfachen Worten erklärt.
- Alle Beispielsätze werden doppelt ins Deutsche übertragen: erst **Wort-für-Wort,** dann in normales Deutsch. Die Wort-für-Wort-Übersetzung hilft, die neue Sprache schneller zu durchschauen, außerdem lassen sich dadurch leichter einzelne Wörter im fremdsprachigen Satz austauschen.
- Es geht um die **Alltagssprache,** also das, was man tatsächlich auf der Straße hört.
- Die **Autoren** sind entweder Reisende, die die Sprache im Land selbst gelernt haben oder Muttersprachler.

Kauderwelsch-Sprachführer sind keine Lehrbücher, aber viel mehr als traditionelle Reisesprachführer. Wer ein wenig Zeit investiert, einige Vokabeln lernt und die Sprache im Land anwendet, wird **Türen öffnen,** ein Lächeln ins Gesicht zaubern und reichere Erfahrungen machen.

Talk to each other!

Kauderwelsch Aussprachetrainer

Kauderwelsch zum Anhören

Einzelne Sätze und Ausdrücke aus diesem Buch können Sie sich **kostenlos anhören.** Diese **Aussprachebeispiele** erreichen Sie über die im Buch abgedruckten QR-Codes oder diese Adresse: www.reise-know-how.de/kauderwelsch/101.

Die Aussprachebeispiele im Buch sind Auszüge aus dem umfassenden Tonmaterial, das unter dem Titel **„Kauderwelsch Aussprachetrainer Spanisch für Chile“** separat erhältlich ist – als Download über Online-Hörbuchshops (ISBN 978-3-95852-125-4) oder als CD im Buchhandel (ISBN 978-3-8317-6124-1). Beide Versionen erhalten Sie auch über unsere Internetseite:

- **www.reise-know-how.de**

Alle Sätze, die Sie auf dem Aussprachetrainer hören können, sind in diesem Buch mit einem gekennzeichnet.

Inhalt

9 Vorwort
11 Hinweise zur Benutzung
14 Sprachen in Chile
15 Chilenismen
18 Aussprache & Betonung
24 Wörter, die weiterhelfen

Grammatik

28 Hauptwörter
33 Dieses & Jenes
34 Eigenschaftswörter
37 Steigern & Vergleichen
39 Umstandswörter
41 Persönliche Fürwörter
42 Wem? oder Wen?
43 Besitzanzeigende Fürwörter
45 Tätigkeitswörter
47 Unregelmäßige Verben
50 Sein & Haben
53 Weitere Zeiten
60 Modalverben
63 Rückbezügliche Verben
65 Satzstellung
66 Verneinung
68 Fragen
71 Auffordern & Befehlen
74 Verlaufsform
75 Bindewörter
76 Verhältniswörter
79 Zahlen & Zählen
82 Zeit & Datum
88 Maße & Mengen

88 Naturlandschaften
91 Pflanzen
92 Tiere
94 Die Osterinsel

Konversation

97 Kurz-Knigge
100 Namen & Anrede
101 Begrüßen & Verabschieden
104 Bitten, Wünschen & Danken
105 Floskeln & Redewendungen
108 Das erste Gespräch
113 Zu Gast sein
117 Liebesgeflüster & mehr
120 Unterwegs
132 Unterkunft
134 Essen & Trinken
144 Einkaufen
149 Die Mapuche
150 Ämter & Behörden
154 Bank, Post, Telefon & Internet
160 Fotografieren
162 Krank sein
168 Toilette
168 Schimpfen & Fluchen

Anhang

170 Literaturhinweise
171 Wörterliste Deutsch – Spanisch
182 Wörterliste Spanisch – Deutsch
192 Der Autor

Der Vulkan Parinacota im Großen Norden

Vorwort

Alle Bücher über Chile beginnen mit ein paar Worten zur loca geografía, der „verrückten Geografie" des Landes: Chile ist ein schmaler Streifen zwischen den Anden und dem Pazifik, der bei über 4300 km Länge nur durchschnittlich 180 km breit ist. 4300 km Länge, das sind 38 Breitengrade oder – auf Europa übertragen – einmal von der Sahara bis zum Nordkap, und zwar mitsamt den dazwischenliegenden Klimazonen. 180 km Breite: Wer von Santiago aus ungefähr anderthalb Stunden Fahrt in Kauf nimmt, kann zwischen Strandleben am Pazifik und Skilaufen in den Anden wählen.

Bedenkt man zudem, dass Chile bei einer Fläche, die dreimal so groß ist wie die Deutschlands, nur knapp 14 Mio. Einwohner hat, von denen dazu noch etwa die Hälfte im Großraum Santiago lebt, so versteht man, dass Chile in erster Linie Natur bietet, diese jedoch in einer für ein einzelnes Land wohl einmaligen Vielfalt. Glücklicherweise ist Chile bisher von den Auswüchsen des modernen Massentourismus verschont geblieben, wozu sicherlich 17 Jahre Diktatur ihren Teil beigetragen haben. Trotzdem verfügt Chile über mit die beste touristische Infrastruktur Lateinamerikas, was Straßennetz, öffentliche Verkehrsmittel und Unterkünfte betrifft.

Doch das detaillierte Beschreiben des Reiseziels Chile mit all seinen Sehenswürdigkeiten soll den Reiseführern vorbehalten bleiben. Dieses Buch möchte in erster Linie Sprachkenntnisse vermitteln, die – in Verbindung mit einer respektvollen Neugier – sicherlich der wichtigste Schlüssel zu den ungewöhnlich offenen, gastfreundlichen und hilfsbereiten Chilenen und ihrem Alltag sind. Denn auch wenn junge Chilenen heute Englisch lernen und man im Süden manchmal sogar mit Deutsch weiterkommt: Mit Spanischkenntnissen signalisiert man, dass man sich für die Menschen interessiert und nicht nur zu „konsumieren" gedenkt.

Dieser Kauderwelsch-Band richtet sich sowohl an Spanisch-Anfänger als auch an jene, die bereits Spanisch sprechen und sich speziell für die chilenischen Besonderheiten – besonders die Umgangssprache – interessieren. Die Grammatik ist übersichtlich und unkonventionell dargestellt und erfordert keine Vorkenntnisse. Sie soll die Lernenden in die Lage versetzen, Grundstrukturen zu erkennen und somit selbstständig neue Sätze zusammenzustellen, auch wenn das Ergebnis nicht immer perfekt ausfällt. Der Konversationsteil enthält die häufigsten Basissätze und Floskeln sowie viele Tipps und Ratschläge, geordnet nach wichtigen touristischen Alltagssituationen.

Viel Spaß und ¡buen viaje! (Gute Reise!)
Enno Witfeld

Hinweise zur Benutzung

Dieser Kauderwelsch-Band „Spanisch für Chile" ist in drei Abschnitte gegliedert:

Die **Grammatik** beschränkt sich auf das Wesentliche und ist so einfach gehalten wie möglich. Sie will zunächst mit den wesentlichen Regeln des in Chile gesprochenen Spanisch vertraut machen. Viele grammatikalische Erscheinungen, zumal Ausnahmen und sprachliche Feinheiten, müssen bei dieser knappen Darstellung naturgemäß unberücksichtigt bleiben. Aber auch so bietet dieser Abschnitt genügend Stoff, der sicher nicht bei einmaligem Durchgang zu bewältigen, sondern wohl eher Schritt für Schritt unter ständiger Bezugnahme auf den Konversationsteil zu erarbeiten ist.

Wer sich intensiver mit der Grammatik des Spanischen beschäftigen will, findet in den Literaturtipps am Ende dieses Buches einige empfehlenswerte Spanischlehrwerke.

Im **Konversationsteil** finden Sie Sätze aus dem Alltagsgespräch, die Ihnen einen Eindruck davon vermitteln, wie die spanische Sprache strukturiert ist, und Sie auf das vorbereiten sollen, was Sie später in Chile hören werden.

Mit Hilfe der **Wort-für-Wort-Übersetzung** können Sie bald eigene Sätze bilden. Sie können die Beispielsätze als Fundus von Satzschablonen und -mustern benutzen, die Sie selbst Ihren Bedürfnissen anpassen. Mit etwas Kreativität und Mut können Sie sich neue Sätze „zusammenbauen", auch wenn das Ergebnis nicht immer grammatikalisch perfekt ausfällt.

Jede Sprache hat ein typisches Satzbaumuster. Um die sich vom Deutschen unterscheidende Wortfolge spanischer Sätze besser durchschauen zu können, ist die Wort-für-Wort-Übersetzung in kursiver Schrift hinzugefügt. Jedem spanischen Wort entspricht ein Wort in der Wort-für-Wort-Übersetzung. Wird ein spanisches Wort im Deutschen durch zwei Wörter wiedergegeben, werden diese zwei Wörter in der Wort-für-Wort-Übersetzung mit einem Bindestrich verbunden. Zum Beispiel:

¿Hay un hotel aquí?
es-gibt ein Hotel hier
Gibt es hier ein Hotel?

Werden in einem Satz mehrere Wörter genannt, die man untereinander austauschen kann, steht ein Schrägstrich zwischen diesen:

Soy alemán / **suizo** / **austríaco.**
(ich-)bin Deutscher / Schweizer / Österreicher.
Ich bin Deutscher / Schweizer / Österreicher.

In Sätzen mit dem Tätigkeitswort „sein" macht es einen Unterschied, ob eine Frau oder ein Mann den betreffenden Satz spricht, ob eine Frau oder ein Mann angesprochen wird, oder ob man über eine Frau oder einen Mann

Seitenzahlen
Um Ihnen den Umgang mit den Zahlen zu erleichtern, wird auf jeder Seite die Seitenzahl auch in Spanisch angegeben!

spricht. Im spanischen Satz und in der Wort-für-Wort-Übersetzung werden beide Formen wie folgt angegeben:

Estoy cansado / cansada.
(ich-)bin müde(m/w)
Ich bin müde.

Hier spricht ein Mann die Variante vor dem Schrägstrich, eine Frau jedoch die Form nach dem Schrägstrich.

Die **Wörterlisten** am Ende des Buches helfen Ihnen dabei. Sie enthalten einen Grundwortschatz von je ca. 1000 Wörtern Deutsch–Spanisch und Spanisch–Deutsch, mit denen man einen Großteil der Gesprächssituationen meistern kann.

Die **Umschlagklappe** hilft, die wichtigsten Sätze und Formulierungen stets parat zu haben. Hier finden sich außerdem die wichtigsten Angaben zur Aussprache und die Abkürzungen, die in der Wort-für-Wort-Übersetzung und in den Wörterlisten verwendet werden; weiterhin eine kleine Liste der wichtigsten Fragewörter, Richtungs- und Zeitangaben. Denn wer ist nicht schon einmal aufgrund missverstandener Gesten im fremden Land auf die falsche Fährte gelockt worden?

Aufgeklappt ist der Umschlag eine wesentliche Erleichterung, da nun die gewünschte Satzkonstruktion mit dem entsprechenden Vokabular aus den einzelnen Kapiteln kombiniert werden kann.

Wenn alles nicht mehr weiterhilft, dann ist vielleicht das Kapitel „Nichts verstanden? – Weiterlernen!“ der richtige Tipp. Es befindet sich ebenfalls im Umschlag, stets bereit, mit der richtigen Formulierung für z. B. „Ich verstehe leider nicht“ oder „Können Sie das bitte wiederholen?“ auszuhelfen.

Sprachen in Chile

Die Amtssprache in Chile ist Spanisch, das dort wie in den meisten lateinamerikanischen Ländern castellano (und nicht etwa español) genannt wird. Von den Nachfahren der indigenen Urbevölkerung Chiles werden außerdem mapudungun (auch Araukanisch genannt), die Sprache der Mapuche, sowie aymara (ein der Inkasprache quechua in vielerlei Hinsicht ähnliches Idiom) gesprochen. Im Süden Chiles leben heute ungefähr 400.000 Mapuche, von denen etwa die Hälfte zweisprachig ist. Allerdings sprechen nur 10 % – Tendenz fallend – im Alltag ausschliesslich mapudungun, so dass auch diese Sprache vom Aussterben bedroht ist. Vor allem die jüngere Generation der Mapuche beherrscht ihre Sprache zum größten Teil nur noch passiv. Von den rund 40.000 chilenischen Aymara, die vorwiegend im Norden auf ehemals bolivianischem bzw. peruanischem Territorium leben und mit Ende des Salpeterkriegs unter chilenische Herrschaft fielen, sprechen noch etwa 40 % ihre Sprache (in Bolivien hat aymara eine weitaus grössere Bedeutung).

Die deutschstämmigen Chilenen, die sich überwiegend im Süden in der sogenannten „Chilenischen Schweiz" niedergelassen haben, sprechen heute noch Deutsch untereinander. In den allgemeinen chilenischen Sprachgebrauch wurden die Wörter kuchen *und* kinder *(für Kindergarten) aufgenommen.*

Das heute in Chile gesprochene Spanisch enthält viele Wörter araukanischen Ursprungs, vor allem die Eigennamen für Orte, Berge, Flüsse usw. sowie Bezeichnungen aus dem Bereich der Pflanzen- und Tierwelt. Die allgegenwärtige Nachsilbe -hue z. B. bedeutet „Ort" und findet sich daher vorwiegend in Ortsnamen. Araukanisch sind ebenfalls boldo (Boldopflanze, beliebter Kräutertee), copihue (die chilenische Nationalblume), pololo (fester Freund) und poncho. Aus dem quechua bzw. aymara stammen z. B. papa (Kartoffel), choclo (Mais), palta (Avocado), poroto (Bohne) und die Bezeichnungen für die Lama-Verwandten guanaco, vicuña und alpaca.

Diese beiden großen Andensprachen haben enorm viel Vokabular gemeinsam. Dennoch ist es in der Wissenschaft umstritten, ob sie wirklich ursprünglich miteinander verwandt sind.

Chilenismen

Die in diesem Kapitel vorgestellten Ausdrücke umfassen zwei Bereiche:

Vieles wird in Chile anders bezeichnet als in Spanien. So heißt z. B. „Mais" im Spanischen maíz, im chilenischen Spanisch jedoch choclo. Meist werden die spanischen Bezeichnungen aber ebenfalls verstanden.

Spezifisch chilenische Ausdrücke für Gegenstände, Personen oder Zustände, die nur Chile betreffen, z. B. cueca (chilenischer Nationaltanz).

Dies alles ist „Hochsprache". Zur chilenischen Umgangssprache finden sich Beiträge in den jeweiligen Kapiteln des Konversationsteils.

Chilenismen

vom Spanisch Spaniens abweichendes Vokabular

Deutsch	in Chile	in Spanien
Avocado	**palta**	**aguacate** *(m)*
Benzin	**bencina**	**gasolina**
Bier vom Fass	**chop** *(m)*	**caña**
Bohne	**poroto**	**judía**
Bürgersteig	**vereda**	**acera**
Erdbeere	**frutilla**	**fresa**
Erdnüsse	**maní**	**cacahuetes**
Glühbirne	**ampolleta**	**bombilla**
Kartoffel	**papa**	**patata**
Kellner	**garzón**	**camarero**
Mais	**choclo**	**maíz** *(m)*
mieten	**arrendar**	**alquilar**
Ohrringe	**aros**	**pendientes** *(m)*
Pullover	**chomba**	**suéter**
Schuhputzer	**lustrador**, **lustrabotas** *(m)*	**limpiabotas** *(m)*
Streichhölzer	**fósforos**	**cerillas**
Wohnzimmer	**living** *(m)*	**sala de estar**

Nostalgische Kutschfahrt in Viña del Mar

spezifisch chilenische Begriffe

adobe	luftgetrockneter Lehmziegel	
caliche	nitrathaltiges Gestein, Rohsalpeter	
callampa	Slum	*Pilz*
callampero	Slumbewohner	
camanchaca	Küstennebel in Nordchile	
carabinero	Polizist	
los carabineros	Polizei	
cueca	chilenischer Nationaltanz	
chamanta	Poncho des huaso	
charqui *(m)*	Dörrfleisch	
chilote	(jemand) aus Chiloé	
dudo	beliebtes Würfelspiel	
elquino	(jemand) aus dem Elqui-Tal	
huaso	chilenischer Cowboy	
media luna	Rodeoarena	*Halbmond*
palafito	Pfahlhaus auf Chiloé	
población	Slum	
porteño	(jemand) aus Valparaíso	
roto	Gelegenheitsarbeiter	
ruca	Lehmziegelhütte der Mapuche	
salitrera, **oficina**	Salpetergewinnungsstätte	*Büro*
soroche *(m)*	Höhenkrankheit	

Aussprache & Betonung

Die Selbstlaute (a, e, i, o, u) werden wie im Deutschen ausgesprochen.

Selbstlaute (Vokale)

Zwischen langen und kurzen Selbstlauten wird nicht unterschieden. Aufeinanderfolgende Selbstlaute werden getrennt gesprochen. Die beliebtesten „Fallen“ sind:

ie	„i“ und „e“ werden getrennt gesprochen, nicht wie ein langes „i“, sondern wie in „S**ie**na“: **quiero** (ich will)
ei	„e“ und „i“ werden getrennt gesprochen, nicht wie in „L**ei**ter“, sondern wie in „b**ei**nhalten“ (aber ohne Stimmritzenverschluss zwischen e und i): **aceite** (Öl)
eu	„e“ und „u“ werden getrennt gesprochen, nicht wie in „H**eu**“, sondern wie in „b**eu**nruhigt“ (aber ohne Stimmritzenverschluss zwischen e und u): **Europa** (Europa)

Mitlaute (Konsonanten)

Die Aussprache des castellano bereitet eigentlich keine besonderen Schwierigkeiten. Den einzelnen Buchstaben oder Buchstabenverbindungen entsprechen in den meisten Fällen die gleichen Laute wie im Deutschen. Als zusätzlichen Buchstaben im spanischen Alphabet hat man lediglich das ñ zu lernen.

Die größte Hürde für Deutschsprachige ist sicherlich das „gerollte“ Zungenspitzen-r, das es zudem auch noch in zwei Versionen gibt. Doch keine Angst: auch mit deutschem R wird man verstanden.

Dagegen bedeutet der in ganz Lateinamerika übliche seseo sicherlich eine Erleichterung für den Lernenden: c (vor e und i) sowie z werden wie das deutsche „ß“ ausgesprochen, und nicht wie das englische „th“, wie es in Spanien üblich ist.

Folgende Mitlaute werden abweichend vom Deutschen ausgesprochen:

b, v	Reibelaut zwischen deutschem „b“ und „w“, am Wortanfang fast wie „b“: **boca** (Mund), **vaca** (Kuh)
c	vor e und i wie „ss“ in „Ku**ss**“; vor a, o, u und vor Mitlauten wie „k“: **cerveza** (Bier), **casa** (Haus)
cc	wie „kß“: **accidente** (Unfall)
ch	wie „tsch“ in „Ma**tsch**“: **mucho** (viel)
g	vor e, i wie „ch“ in „i**ch**“; vor a, o, u und vor Mitlauten wie deutsches „g“: **gente** (Leute), **gato** (Katze)

gue, gui	wie „ge" bzw. „gi", das u wird dabei nicht gesprochen und zeigt nur an, dass das g nicht wie „ch" klingt: **guitarra** (Gitarre)
güe, güi	wie „gue" bzw. „gui": soll ein u vor e bzw. i dennoch hörbar sein, steht statt u ein ü (kommt selten vor): **agüita** (Kräutertee)
gua	wie „gua" (vor a ist ein u immer hörbar): **agua** (Wasser)
h	wird nicht mitgesprochen: **hora** (Stunde)
j	wie „ch" in „Ba**ch**": **viejo** (alt)
ll	wie „j" in „**J**unge": **calle** (Straße)
ñ	wie „nj" in „A**nj**a": **baño** (Toilette)
qu	wie „k" (nie „kw"!), tritt nur vor e und i auf, das u ist dabei „stumm": **queso** (Käse)
r	Zungenspitzen-r mit einmaligem „Schlag", am Wortanfang jedoch stark gerollt: **pero** (aber), **río** (Fluss)
rr	wird stark gerollt: **perro** (Hund)
s	wie „ss" wie in „Ku**ss**": **sol** (Sonne)
y	vor Selbstlauten wie „j" in „**J**unge"; allein stehend oder am Wortende wie „i": **ayer** (gestern), **hoy** (heute), **y** (und)
z	wie „ss" in „Ku**ss**": **azul** (blau)

Betonung

Wörter, die auf einen Selbstlaut, -n oder -s enden, werden in der Regel auf der vorletzten Silbe betont, alle übrigen auf der letzten Silbe. Hierbei ist zu beachten, dass Selbstlaut-Verbindungen, die mit i oder u beginnen, als einsilbig gelten: patio (Hof) wird demnach auf dem a betont. Alle anderen Selbstlautverbindungen gelten jedoch als zweisilbig: paseo (Spaziergang) wird also auf dem e betont.

Abweichungen von diesen Regeln werden durch einen Akzent auf der betonten Silbe angezeigt, z. B.: avión (Flugzeug).

esta	diese
está	(er / sie) ist
papa	Papst; Kartoffel
papá	Papa
compro	(ich) kaufe
compró	(er / sie) kaufte

Manchmal ist die Betonungsstelle entscheidend für die Bedeutung eines Wortes.

Akzente dienen darüber hinaus bei einigen gleich ausgesprochenen einsilbigen Wörtern, die unterschiedliche Bedeutungen haben, als Unterscheidungsmerkmal:

el	der	**él**	er
tu	dein	**tú**	du
te	dir	**té**	Tee
mi	mein	**mí**	mich
de	von	**dé!**	geben Sie!
si	wenn	**sí**	ja

Rechtschreibung

Zur Schreibweise hier nur soviel: Lediglich der Satzanfang und die Eigennamen werden groß geschrieben, alle anderen Worte klein.

chilenische Aussprachebesonderheiten

Das hohe Sprechtempo der Chilenen und ihre Eigenart, Konsonanten zu verschlucken erschweren das Verständnis am Anfang sehr. Besonders davon betroffen sind das s am Silbenende, z. B. el bú statt el bus (der Bus), dó für dos (zwei), sowie das d zwischen Vokalen: cansao statt cansado (müde). Dabei bleibt die ursprüngliche Wortlänge meist erhalten, so dass man das s oder d zumindest noch erahnen kann. Anstelle des verschluckten s hört man oft auch ein leichtes, gehauchtes „ch" (z. B. in fresco, izquierda).

Eine weitere chilenische Besonderheit ist die Aussprache von g und j vor hellen Vokalen (e und i, z. B. in gente oder ají), die statt wie „ch" in „Bach" mehr wie „ch" in „ich" artikuliert werden.

Die Verbformen der zweiten Person Einzahl (du) hören sich in der Umgangssprache ziemlich ungewohnt an (es handelt sich dabei um eine Variante der in Argentinien üblichen endungsbetonten vos-Form). Ein paar Beispiele:

¿Cómo 'tai?	(= **¿Cómo estás?**)	Wie geht's?
¿Qué querí?	(= **¿Qué quieres?**)	Was möchtest du?
¿Cachai? / **¿Entendí?**		Verstehst du?
¿'Tai cansao?	(= **¿Estás cansado?**)	Bist du müde?

Satzzeichen

Ungewöhnlich für den deutschen Leser ist, dass Frage- und Ausrufesätze nicht nur mit den entsprechenden Satzzeichen (? und !) abgeschlossen, sondern auch – und dann auf dem Kopf stehend – eingeleitet werden (¿ und ¡). Sie werden dort gesetzt, wo jeweils die eigentliche Frage bzw. der eigentliche Ausruf beginnt, u. U. also auch mitten im Satz.

Geoglyphen (Felszeichnungen) in der Atacama

Wörter, die weiterhelfen

In diesen Fragesatz (und auch in die folgenden Fragen) kann man alle sinnvollen Wörter aus der Wörterliste unverändert einsetzen, zum Beispiel:

Mit den folgenden Ausdrücken kommt man in Chile schon ganz schön weit:

Estoy buscando ...	**Ich suche ...**

Estoy buscando un restaurante.
(ich-)bin suchend ein Restaurant
Ich suche ein Restaurant.

Estoy buscando el paradero.
(ich-)bin suchend der Bushaltestelle
Ich suche die Bushaltestelle.

un médico	ein Arzt
la embajada	die Botschaft
el aeropuerto	der Flughafen
el consulado	das Konsulat
el hospital	das Krankenhaus
una tienda	ein Geschäft
un taxi	ein Taxi
un teléfono	ein Telefon

¿Hay ... ?	**Gibt es ... ?**

¿Hay café?
es-gibt Kaffee
Gibt es Kaffee?

¿Hay un hotel aquí?
es-gibt ein Hotel hier
Gibt es hier ein Hotel?

Sí, hay.
Ja, es gibt eines.

No, no hay.
Nein, gibt es nicht.

¿Dónde hay ... ? Wo gibt es ... ?

¿Dónde hay una farmacia?
wo es-gibt eine Apotheke
Wo gibt es eine Apotheke?

¿Dónde hay un banco?
wo es-gibt ein Bank
Wo gibt es eine Bank?

¿Dónde está ... ? Wo ist ... ?

Fragt man nach etwas Bestimmtem, verwendet man nicht hay (es gibt), sondern está (ist).

¿Dónde está el Hotel Londres?
wo ist der Hotel Londres
Wo ist das Hotel Londres?

¿Dónde está el terminal de buses?
wo ist der Endstation von Busse
Wo ist der Busbahnhof?

¿Dónde está el correo?
wo ist der Post
Wo ist die Post?

Wörter, die weiterhelfen

a la derecha	(nach) rechts
a la izquierda	(nach) links
acá, aquí	hier
por acá	hierhin
allá, allí	dort
por allá	dorthin
cerca	nah
lejos	weit
derecho, recto	geradeaus
hacia atrás	zurück
cruce *(m)*	Kreuzung
semáforo	Ampel

¿Tiene Usted ... ? Haben Sie ... ?

¿Tiene Usted una habitación libre?
(er-/sie-)besitzt Sie eine Zimmer frei
Haben Sie ein freies Zimmer?

¿Tiene Usted un plano de Concepción?
(er-/sie-)besitzt Sie ein Plan von Concepción
Haben Sie einen Stadtplan von Concepción?

Diese Wendung ist dann angemessen, wenn man gezielt nach etwas fragen will. Die Antworten können z. B. lauten:

Sí, lo tenemos.
ja es (wir-)besitzen
Ja, haben wir.

No, no lo tengo.
nein nicht es (ich-)besitze
Nein, habe ich nicht.

Quiero ...	**Ich will ...**
Quisiera ...	**Ich hätte gern ...**

Um einen Wunsch auszudrücken, kann man sich mit quiero (ich will) behelfen. Höflicher ist allerdings quisiera (ich würde wollen), das wie das deutsche „ich hätte gern“ verwendet wird.

Quiero una cerveza.
(ich-)will eine Bier
Ich möchte ein Bier.

Quisiera otra habitación.
(ich-)würde-wollen andere Zimmer
Ich hätte gern ein anderes Zimmer.

¿Cuánto vale ...?	**Wie viel kostet ... ?**

¿Cuánto vale un pasaje?
wie-viel (er-)kostet ein Fahrkarte
Wie viel kostet eine Fahrkarte?

¿Cuánto vale la entrada?
wie-viel (sie-)kostet die Eintritt
Wie viel kostet der Eintritt?

¿Cuánto vale esto?
wie-viel (es-)kostet dieses
Wie viel kostet dieses hier?

Hauptwörter

Anders als im Deutschen werden die Hauptwörter nicht gebeugt. Man muss sich also lediglich das grammatische Geschlecht merken und die Mehrzahlbildung beachten. Es gibt im Spanischen nur männliche (abgekürzt: *m*) und weibliche *(w)* Hauptwörter.

Männliche Hauptwörter enden meistens auf -o, -l, -n oder -r, z. B.:

trabajo	Arbeit	**postal**	Postkarte
avión	Flugzeug	**comedor**	Esszimmer

Weibliche Hauptwörter enden in der Regel auf -a, -d, -z oder -ción:

casa	Haus	**ciudad**	Stadt
paz	Frieden	**canción**	Lied

Bei Personen wird die weibliche Form des Hauptwortes häufig durch Hinzufügen der Endung -a gebildet:

el señor	der Herr
la señora	die Dame, Frau
el español	der Spanier
la española	die Spanierin

In anderen Fällen wird die männliche Endung -o durch ein -a ersetzt:

el niño	der Junge	**la niña**	das Mädchen
el tío	der Onkel	**la tía**	die Tante

Für einige männliche und weibliche Entsprechungen gibt es wiederum eigene Wörter:

el hombre	der Mann	**la mujer**	die Frau
el padre	der Vater	**la madre**	die Mutter

Eine ganze Reihe von Bezeichnungen, vor allem für Berufe, kennt für beide Geschlechter die gleiche Form:

el / la turista	der Tourist, die Touristin
el / la dentista	der Zahnarzt, die Zahnärztin
el / la periodista	der Journalist, die Journalistin

Meeres-, Fluss- und Bergnamen sind in der Regel männlich:

el Pacífico	der Pazifik
el Aconcagua	der Aconcagua

Ausnahmen von diesen Regeln werden gekennzeichnet:

Hauptwörter

Weil im Spanischen das grammatische Geschlecht nicht immer dem Deutschen entspricht, sollte der Artikel gleich mitgelernt werden.

el día *(m)*	der Tag
el mapa *(m)*	die Landkarte
el problema *(m)*	das Problem
el pez *(m)*	der Fisch
la mano *(w)*	die Hand
la flor *(w)*	die Blume
la moto *(w)*	das Mofa
la foto *(w)*	das Foto

Artikel

Es gibt im Spanischen den unbestimmten („ein, eine“) und den bestimmten Artikel („der, die“). Im Gegensatz zum Deutschen hat der unbestimmte Artikel auch eine eigene Form für die Mehrzahl (abgekürzt: *Mz*), die man etwa mit „einige“ übersetzen kann.

	bestimmter Artikel				**unbestimmter Artikel**			
	männlich		**weiblich**		**männlich**		**weiblich**	
Ez	**el**	der	**la**	die	**un**	ein	**una**	eine
Mz	**los**	die	**las**	die	**unos**	einige	**unas**	einige

el / un árbol	der / ein Baum
los / unos árboles	die / einige Bäume

Bei weiblichen Hauptwörtern, die mit einem betonten a- oder ha- beginnen, wird der eigentlich männliche Artikel el verwendet, um das Aufeinanderstoßen zweier a zu vermeiden. Dazu gehören z. B.:

el águila *(w)*	der Adler
el alma *(w)*	die Seele
el agua *(w)*	das Wasser

Im sprachlichen Gebrauch bleiben diese Hauptwörter jedoch weiblich. Eigenschaftswörter, die sich auf diese Hauptwörter beziehen, werden also weiblich gebeugt.

Mehrzahl

Die Grundregel lautet: Hauptwörter, die in der Einzahl (abgekürzt: *Ez*) auf einen Selbstlaut enden, bilden die Mehrzahl (abgekürzt: *Mz*) mit einem angehängten -s; Hauptwörter, die auf einen Mitlaut enden, hängen in der Mehrzahl -es an.

casa	Haus
casas	Häuser
corazón	Herz
corazones	Herzen

Auch hier gibt es einige Ausnahmen: So bleiben Wörter, die in der Einzahl auf -s enden und auf der vorletzten Silbe betont werden, in der Mehrzahl unverändert. Dazu gehören einige Wochentage, z. B. lunes (Montag) und martes (Dienstag), oder Begriffe aus dem Griechischen, wie z. B. la crisis (die Krise).

Bei Wörtern, die auf -z enden, verwandelt sich der Endbuchstabe in der Mehrzahl in ein -c:

la luz	das Licht
las luces	die Lichter

Verkleinerungs- / Vergrößerungsform

In Chile wird, wie in anderen lateinamerikanischen Ländern auch, die Verkleinerungsform sowie die Vergrößerungsform gerne und häufig verwendet. Mit ihnen zeigt man nicht nur quantitative Abstufungen an. Sie dienen vor allem dazu, sich betont herzlich auszudrücken. Die am meisten benutzten Endungen sind -ito *(m)* bzw. -ita *(w)* für die Verkleinerung, und -ote *(m)* / -ota *(w)* für die Vergrößerung.

un beso	ein Kuss
un besito	ein Küsschen
un besote	ein dicker Kuss
una casa	ein Haus
una casita	ein Häuschen
una casota	ein großes Haus

Die Verkleinerungs- und Vergrößerungsform kann nicht nur bei Hauptwörtern, sondern auch bei Eigenschafts- und Umstandswörtern angewendet werden. Aus chico (klein) wird z. B. chiquito oder gar chiquitito (winzig), grande (groß) kann sowohl zu grandote als auch zu grandecito werden, chaucito heißt „tschüsschen", und aus hasta luego (bis später) wird manchmal hasta luegito.

Dieses & Jenes

Im Gegensatz zum Deutschen, das nur zwei hinweisende Fürwörter („dieser" und „jener") aufweist, besitzt das Spanische drei. Ihr Gebrauch richtet sich nach Entfernung vom Sprecher. Este („dieser hier") weist auf eine Sache oder Person hin, die sich nahe beim Sprechenden befindet. Mit ese („dieser da") bezeichnet man ein Objekt, das etwas weiter entfernt ist oder sich beim Angesprochenen befindet. Häufig wird es auch in abschätziger Bedeutung gebraucht. Aquel („jener") schließlich verweist auf etwas, das örtlich oder auch zeitlich entfernter liegt.

Die hinweisenden Fürwörter stehen vor dem Hauptwort, auf das sie sich beziehen, und richten sich in Zahl und Geschlecht nach diesem.

	männlich	weiblich	unpersönl.
Einzahl	este	esta	esto
Mehrzahl	estos	estas	–
Einzahl	ese	esa	eso
Mehrzahl	esos	esas	–
Einzahl	aquel	aquella	aquello
Mehrzahl	aquellos	aquellas	–

Eigenschaftswörter

Eigenschaftswörter stehen meistens nach dem Hauptwort, auf das sie sich beziehen, und richten sich in Zahl und Geschlecht nach diesem. Die männliche Form des Eigenschaftswortes endet in der Regel auf -o, die weibliche Form auf -a:

el libro nuevo	**la casa nueva**
der Buch neu(m)	*die Haus neu(w)*
das neue Buch	das neue Haus

Bei einigen Eigenschaftswörtern, vor allem bei jenen, die auf -e oder -l enden, stimmen männliche und weibliche Form überein, z. B.:

un caso difícil	**una cosa difícil**
ein Fall schwierig	*eine Sache schwierig*
ein schwieriger Fall	eine schwierige Sache
un hombre elegante	**una mujer elegante**
ein Mann elegant	*eine Frau elegant*
ein eleganter Mann	eine elegante Frau

Die Mehrzahl wird bei den Eigenschaftswörtern in gleicher Weise wie bei den Hauptwörtern gebildet: Endet das Eigenschaftswort auf einen Selbstlaut, wird -s angehängt, endet es jedoch auf einen Mitlaut, wird -es angehängt.

nuevo	neu *(m)*	**nuevos**	neue *(m, Mz)*
nueva	neu *(w)*	**nuevas**	neue *(w, Mz)*
difícil	schwierig	**difíciles**	schwierige *(Mz)*
feliz	glücklich	**felices**	glückliche *(Mz)*

Die Eigenschaftswörter bueno (gut), malo (schlecht) und grande (groß) stehen jedoch meistens vor dem Hauptwort. Vor einem männlichen Hauptwort werden bueno und malo (wie auch die Ordnungszahlen primero und tercero) verkürzt, das heißt, die Endung -o entfällt. Grande wird sowohl vor einem männlichen als auch vor einem weiblichen Hauptwort zu gran verkürzt.

un buen amigo	ein guter Freund
el primer día	der erste Tag
un mal día	ein schlechter Tag
una gran cocinera	eine große Köchin

Die sich ähnlich Eigenschaftswörtern verhaltenden Wörter mucho (viel), poco (wenig) und otro (ein anderer) stehen immer vor dem Hauptwort. Vor otro steht übrigens nie der unbestimmte Artikel.

mucho tiempo	viel Zeit
poco dinero	wenig Geld
otra amiga	eine andere Freundin

Eigenschaftswörter

wichtige Eigenschaftswörter			
bueno	gut	**malo**	schlecht
grande	groß	**chico**	klein
largo	lang	**corto**	kurz
alto	hoch	**bajo**	niedrig
mucho	viel	**poco**	wenig
rápido	schnell	**lento**	langsam
claro	hell	**oscuro**	dunkel
caliente	heiß	**frío**	kalt
limpio	sauber	**sucio**	schmutzig
duro	hart	**suave**	weich
viejo	alt	**nuevo**; **joven**	neu; jung
feliz	glücklich	**triste**	traurig
bonito, **lindo**	hübsch	**feo**	hässlich
trabajador	fleißig	**flojo**	faul
pobre	arm	**rico**	reich
inteligente	klug	**tonto**	dumm
barato	billig	**caro**	teuer
fácil	leicht (*z. B. eine Aufgabe*)	**difícil**	schwierig
liviano	leicht (*an Gewicht*)	**pesado**	schwer
mojado	nass	**seco**	trocken
correcto	richtig	**falso**	falsch
lleno	voll	**vacío**	leer

Farben

blanco	weiß	**azul**	blau
amarillo	gelb	**verde**	grün
naranja	orange	**marrón**	braun
rojo / **colorado**	rot	**negro**	schwarz
lila	lila	**gris**	grau

Steigern & Vergleichen

Bei der Steigerung wird das Eigenschaftswort nicht wie im Deutschen gebeugt.

steigern

Man verwendet vielmehr das Wort **más** (mehr), das beim Komparativ (1. Steigerungsstufe) vor das Eigenschaftswort gestellt wird. Der Superlativ (2. Steigerungsstufe) wird gebildet, indem man dem Komparativ zusätzlich den bestimmten Artikel voranstellt.

Dabei richtet sich das Eigenschaftswort und der Artikel in Zahl und Geschlecht nach dem dazugehörigen Hauptwort.

bonito	**más bonito**	**el más bonito**
schön	*mehr schön*	*der mehr schön*
schön	schönerer	der schönste

bonita	**más bonita**	**la más bonita**
schöne(w)	*mehr schöne(w)*	*die mehr schöne(w)*
schöne	schönere	die schönste

mucho	viel	**más**	mehr
poco	wenig	**menos**	weniger
bueno	gut	**mejor**	besser
malo	schlecht	**peor**	schlechter
grande	groß	**mayor** (**más grande**)	größer
chico	klein	**menor** (**más chico**)	kleiner

Einige häufig verwendete Eigenschaftswörter haben unregelmäßige Steigerungsformen:

Achtung: Bei Personen bedeutet mayor *„älter“ und* menor *„jünger“, während die Körpergröße mit* alto *(hoch) und* bajo *(niedrig) ausgedrückt wird.*

Sehr verbreitet ist auch die Verstärkung eines Eigenschaftswortes durch Anhängen der Endungen -ísimo *(m)* bzw. -ísima *(w)*.

Este canasto es baratísimo.
dieser Korb (er-)ist billig-sehr
Dieser Korb ist spottbillig.

Angélica es altísima.
Angélica (sie-)ist groß-sehr
Angélica ist riesengroß.

Des Weiteren besteht die Möglichkeit, mit Hilfe des Umstandswortes muy (sehr) eine Steigerung auszudrücken. Es steht grundsätzlich vor dem Eigenschaftswort.

¡Muy bien hecho!
sehr gut gemacht
Sehr gut gemacht!

una mujer muy bonita
eine Frau sehr hübsch(w)
eine sehr hübsche Frau

vergleichen

In einem Vergleichssatz wird ein Unterschied mit más / menos ... que (mehr / weniger ... als) – bzw. mit den unregelmäßigen Formen – und eine Gleichheit mit tan ... como (so ... wie) ausgedrückt.

Este carro es tan caro como ese.
dieser Auto (er-)ist so teuer wie der-da
Dieses Auto ist genauso teuer wie das da.

Alejandro es más alto que Lorenzo.
Alejandro (er-)ist mehr groß als Lorenzo
Alejandro ist größer als Lorenzo.

En Chile el tiempo es mejor que en Alemania.
in Chile der Wetter (er-)ist besser als in Deutschland
In Chile ist das Wetter besser als in Deutschland.

Umstandswörter

Mit Umstandswörtern (abgekürzt: *Umst.*) kann man Tätigkeitswörter (Verben), Eigenschaftswörter sowie andere Umstandswörter näher bestimmen. Man unterscheidet selbstständige Umstandswörter, z. B. die der Zeit („heute", „immer", „nie" usw.), Umstandswörter des Grades („sehr", „mehr") und Umstandswörter, die von Eigenschaftswörtern abgeleitet werden. Es ist aber sehr verbreitet, wenn auch meist grammatikalisch nicht ganz korrekt, anstelle der Umstandswörter die Eigenschaftswörter selbst zu benutzen.

Um Umstandswörter aus Eigenschaftswörtern zu bilden, hängt man die Endung -mente an die weibliche Form des Eigenschaftsworts:

lento / lenta	langsam *(m/w)*
lentamente	langsam *(Umst.)*
rápido / rápida	schnell *(m/w)*
rapidamente	schnell *(Umst.)*

Lentamente María sube la escalera.
langsam(Umst.) Maria (sie-)hochsteigt die Leiter
Maria steigt langsam die Leiter hoch.

un caso eminentemente difícil
ein Fall außerordentlich(Umst.) schwierig
ein außerordentlich schwieriger Fall

Einige Eigenschaftswörter bilden ihre abgeleiteten Umstandswörter auf unregelmäßige Weise.

bueno	gut *(Eig.)*
bien	gut *(Umst.)*
malo	schlecht *(Eig.)*
mal	schlecht *(Umst.)*

Im Valle de la Luna („Mondtal“), Atacama

Persönliche Fürwörter

Im Gegensatz zum Deutschen unterscheidet man eine männliche und eine weibliche Form für „wir" und „sie" *(Mz)*, wobei für nach Geschlechtern gemischte Gruppen jeweils die männliche Form benutzt wird.

Des Weiteren gibt es bei der höflichen Anrede zwei verschiedene Formen, je nachdem, ob eine oder mehrere Personen angeredet werden.

yo	ich
tú	du
él – ella	er – sie *(w, Ez)*
Usted	Sie *(höfl. Anrede, Ez)*
nosotros / nosotras	wir *(m/w)*
ustedes	ihr
ellos / ellas	sie *(m/w, Mehrzahl)*
Ustedes	Sie *(höfl. Anrede, Mz)*

Ein markanter Unterschied zu dem in Spanien gesprochenen Spanisch besteht in der Ersetzung des persönlichen Fürwortes für die 2. Person Mehrzahl (vosotros) durch ustedes, die Form für die höfliche Anrede in der Mehrzahl. Entsprechend erfordert dies auch die Verbform der 3. Person Mehrzahl.

In der Schriftsprache werden die Höflichkeitsformen häufig abgekürzt: für Usted verwendet man Ud., für Ustedes entsprechend Uds..

Generell werden die persönlichen Fürwörter für den Satzgegenstand (Subjekt) nur zur besonderen Hervorhebung der handelnden Person hinzugesetzt, da diese in der Regel bereits von der Endung des Tätigkeitswortes abgelesen werden kann.

Él sabe qué hacer, yo no.
er (er-)weiß was machen ich nicht
Er weiß, was zu tun ist, ich (dagegen) nicht.

Wem? oder Wen?

Die Formen der persönlichen Fürwörter zur Antwort auf die Fragen „wem?“ oder „wen?“ (Satzergänzung = Objekt) lauten wie folgt:

	Frage: „wem?“			**Frage: „wen?“**	
	unbetont		**betont**		
ich	mir	**me**	**a mí**	mich	**me**
du	dir	**te**	**a ti**	dich	**te**
er	ihm	**le**	**a él**	ihn	**lo**
sie *(Ez)*	ihr	**le**	**a ella**	sie	**la**
Sie *(höfl., Ez)*	Ihnen	**le**	**a Usted**	Sie *(m/w)*	**lo / la**
wir	uns	**nos**	**a nosotros/-as**	uns	**nos**
ihr	euch	**les**	**a ustedes**	euch *(m/w)*	**los / las**
sie *(m/w, Mz)*	ihnen	**les**	**a ellos / ellas**	sie *(m/w)*	**los / las**
Sie *(höfl., Mz)*	Ihnen	**les**	**a Ustedes**	Sie *(m/w)*	**los / las**

Die unbetonten Beugungsformen der persönlichen Fürwörter stehen immer vor dem Verb, als dessen Ergänzung (Objekt) sie dienen.

Carlos me escribe.
Carlos mir (er-)schreibt.
Carlos schreibt mir.

Te quiero.
dich (ich-)liebe
Ich liebe dich.

Die betonte Form verwendet man in Kombination mit der unbetonten, um das persönliche Fürwort besonders hervorzuheben.

Die betonten Fürwortformen sind nach Verhältniswörtern (Präpositionen) zwingend erforderlich.

Carlos me escribió a mí.
Carlos mir (er-)schrieb zu mir
Carlos hat mir geschrieben. *(... und nicht dir)*

Besitzanzeigende Fürwörter

Die unbetonten besitzanzeigenden Fürwörter (Possessivpronomen) stehen immer vor dem Hauptwort, auf das sie sich beziehen. Männliche und weibliche Formen werden nur in der 1. Person Mehrzahl („unser") unterschieden. In diesem Fall richtet sich das besitzanzeigende Fürwort im Geschlecht nach dem Hauptwort, das den Besitz bezeichnet.

Steht der Besitz in der Mehrzahl, wird wie bei den Hauptwörtern ein -s *an das besitzanzeigende Fürwort gehängt.*

mein Buch	**mi libro**
meine Bücher	**mis libros**
ihr Freund	**su amigo**
ihre Freunde	**sus amigos**
unser Auto	**nuestro carro**
unsere Autos	**nuestros carros**
unser Haus	**nuestra casa**
unsere Häuser	**nuestras casas**

	Besitz Einzahl		Besitz Mehrzahl	
ich	mein	**mi**	meine	**mis**
du	dein	**tu**	deine	**tus**
er	sein	**su**	seine	**sus**
sie *(Ez)*	ihr	**su**	ihre	**sus**
Sie *(höfl. Anr., Ez)*	Ihr	**su**	Ihre	**sus**
wir	unser	**nuestro/-a**	unsere	**nuestros/-as**
ihr	euer	**su**	eure	**sus**
sie *(m/w, Mz)*	ihr	**su**	ihre	**sus**
Sie *(höfl. Anr., Mz)*	Ihr	**su**	Ihre	**sus**

Besitzanzeigende Fürwörter

Neben diesen besitzanzeigenden Fürwörtern, die nur zusammen mit einem dazugehörigen Hauptwort stehen können, gibt es die so genannten betonten besitzanzeigenden Fürwörter, die auch selbstständig im Satz vorkommen können. Diese stehen dann u. a. als Ergänzung der Satzaussage (Prädikat) in Sätzen mit dem Verb „sein" (z. B. „ist meines" = „gehört mir"). Auch sie richten sich in Zahl und Geschlecht nach dem Satzgegenstand (Subjekt). Die Endungen sind dabei mit denen der Eigenschaftswörter identisch.

mein	**mío**	unser	**nuestro**
dein	**tuyo**	euer	**suyo**
sein, ihr	**suyo**	ihr *(m/w Mz)*	**suyo**
Ihr *(Ez)*	**suyo**	Ihr *(Mz)*	**suyo**

¿De quién son estas cosas?
von wer (sie-)sind diese Sachen
Wem gehören diese Sachen?

Son suyas.
(sie-)sind seine/ihre
Sie gehören ihm / ihr / ihnen.

Este coche es mío.
dieser Auto (er-)ist meiner
Dieses Auto gehört mir.

Tätigkeitswörter

Die spanischen Verben setzen sich aus einem Stamm und einer Endung zusammen.

Grundform

Entsprechend den Grundform-Endungen unterscheidet man drei Verbklassen:

-ar	**hablar**	sprechen
-er	**comer**	essen
-ir	**vivir**	leben, wohnen

Die Bindestriche in der folgenden Tabelle dienen nur dazu, die Beugungsendungen hervorheben.

Gegenwart

Bei der Beugung ersetzt man die Endung der Grundform (-ar, -er, -ir) durch die Endung für die handelnde Person („ich", „du" usw.). Der Stamm bleibt dabei unverändert. Je nach Endung der Grundform werden die Verben unterschiedlich gebeugt, wobei die Unterschiede aber nicht allzu groß sind.

	habl-ar sprechen	**com-er** essen	**viv-ir** leben
ich	**habl-o**	**com-o**	**viv-o**
du	**habl-as**	**com-es**	**viv-es**
er, sie, Sie	**habl-a**	**com-e**	**viv-e**
wir	**habl-amos**	**com-emos**	**viv-imos**
ihr	**habl-an**	**com-en**	**viv-en**
sie, Sie *(Mz)*	**habl-an**	**com-en**	**viv-en**

Der wohl wichtigste grammatikalische Unterschied zu dem in Spanien gesprochenen Spanisch wird sofort deutlich: Es fehlt eine eigene Verbform für die 2. Person Mehrzahl („ihr"). Stattdessen verwendet man in Chile die für die höfliche Anredeform der Mehrzahl gültige Endung, die der 3. Person Mehrzahl

Liste wichtiger Verben

anfangen	**comenzar***	kommen	**llegar**
antworten	**contestar**	kosten *(Preis)*	**costar***
arbeiten	**trabajar**	küssen	**besar**
baden	**bañarse**	lächeln	**sonreír***
besitzen, haben	**tener***	laufen, rennen	**correr**
besuchen	**visitar**	leben, wohnen	**vivir**
bezahlen	**pagar**, **cancelar**	legen, stellen	**poner***
bitten	**pedir***	lernen	**aprender**
bleiben	**quedarse**	lesen	**leer**
brauchen	**necesitar**	lieben	**querer***, **amar**
bringen	**traer***	machen, tun	**hacer***
danken	**agradecer***	nehmen	**tomar**
dauern	**tardar**	öffnen	**abrir**
einladen	**invitar**	parken *(Auto)*	**estacionar**
eintreten	**entrar**	rauchen	**fumar**
erzählen	**contar***	rufen, schreien	**llamar**, **gritar**
fahren *(Auto)*	**manejar**	sagen	**decir***
finden	**encontrar***	schicken	**mandar**, **enviar**
fliegen	**volar***	schlafen	**dormir***
fotografieren	**tomar una foto**	schreiben	**escribir**
geben	**entregar**	sehen	**ver***, **mirar**
gehen	**andar**, **caminar**	sprechen	**hablar**
glauben	**creer***	sterben	**morir***
grüßen	**saludar**	suchen	**buscar**
halten *(etwas)*	**sostener***	telefonieren	**llamar por teléfono**
helfen	**ayudar**		
hören	**oír***, **escuchar**	vergessen	**olvidar**
informieren	**informar**, **avisar**	verstehen	**comprender**, **entender***
kaufen	**comprar**	versuchen (zu)	**tratar (de)**
kennen	**conocer***	warten	**esperar**

Die mit * gekennzeichneten Verben sind unregelmäßig.

Wie bereits am Rande erwähnt, werden die persönlichen Fürwörter für den Satzgegenstand („ich“, „du“ ...) in aller Regel weggelassen, es sei denn, die handelnde Person soll besonders betont werden. In der Wort-für-Wort-Übersetzung steht das zugehörige persönliche Fürwort bei den personengebeugten Verben jeweils in Klammern ergänzt.

Vivimos en Arica.
(wir-)leben in Arica
Wir leben in Arica.

Yo pago hoy.
ich (ich-)zahle heute
Ich bezahle heute!

¿Ustedes hablan castellano?
ihr/Sie (sie-)sprechen kastilisch
Sprecht ihr Spanisch? /
Sprechen Sie Spanisch?

Unregelmäßige Verben

Es gibt eine Anzahl von im Prinzip regelmäßig gebeugten Verben, bei denen sich mit Ausnahme der 1. Person Mehrzahl („wir“) der Stamm in völlig vorsagbarer Weise verändert, während die Beugungsendungen regelmäßig sind. Diese Verben lassen sich zu Gruppen zusammenfassen; die wichtigsten sind folgende:

-e- wird zu -ie-, z. B. pensar (denken) und entender (verstehen):

	pensar denken	**entender** verstehen
ich	**pienso**	**entiendo**
du	**piensas**	**entiendes**
er, sie, Sie	**piensa**	**entiende**
wir	**pensamos**	**entendemos**
ihr	**piensan**	**entienden**
sie, Sie *(Mz)*	**piensan**	**entienden**

Zu dieser Gruppe gehören u. a. auch querer (wollen), cerrar (schließen), comenzar (beginnen), recomendar (empfehlen), defender (verteidigen), perder (verlieren).

-o- wird zu -ue-, z. B. contar (erzählen, zählen), mover (bewegen):

	contar (er)zählen	**mover** bewegen
ich	**cuento**	**muevo**
du	**cuentas**	**mueves**
er, sie, Sie	**cuenta**	**mueve**
wir	**contamos**	**movemos**
ihr	**cuentan**	**mueven**
sie, Sie *(Mz)*	**cuentan**	**mueven**

Zu dieser Gruppe gehören u. a. auch poder (können), costar (kosten), encontrar (finden, treffen), rogar (bitten), doler (schmerzen), llover (regnen), volver (zurückkommen).

Die letzte Gruppe schließlich bildet nur die 1. Person Einzahl („ich") unregelmäßig. Der Stammbestandteil -c- wird dort zu -zc-, z. B. conocer (kennen), 1. Person Einzahl conozco (ich kenne). Alle anderen Formen sind ganz und gar regelmäßig. Zu dieser Gruppe gehören die meisten Verben, die auf -cer oder -ducir enden, z. B. ofrecer (anbieten), traducir (übersetzen).

Einige Verben werden jedoch völlig unregelmäßig gebeugt. Hier eine Liste der wichtigsten. Man sollte zumindest die Gegenwartsformen dieser sehr häufigen Verben kennen.

dar geben	ir gehen	oír hören	venir kommen	hacer machen
doy	**voy**	**oigo**	**vengo**	**hago**
das	**vas**	**oyes**	**vienes**	**haces**
da	**va**	**oye**	**viene**	**hace**
damos	**vamos**	**oímos**	**venimos**	**hacemos**
dan	**van**	**oyen**	**vienen**	**hacen**
dan	**van**	**oyen**	**vienen**	**hacen**

decir sagen	ver sehen	poner stellen	salir weggehen	saber wissen
digo	**veo**	**pongo**	**salgo**	**sé**
dices	**ves**	**pones**	**sales**	**sabes**
dice	**ve**	**pone**	**sale**	**sabe**
decimos	**vemos**	**ponemos**	**salimos**	**sabemos**
dicen	**ven**	**ponen**	**salen**	**saben**
dicen	**ven**	**ponen**	**salen**	**saben**

Sein & Haben

Dem deutschen Hilfsverb „sein" entsprechen im Spanischen gleich zwei Verben: ser und estar.

ser / estar (sein)

	ser	estar
ich	soy	estoy
du	eres	estás
er, sie, Sie	es	está
wir	somos	estamos
ihr	son	están
sie / Sie *(Mz)*	son	están

Für die Unterscheidung von ser *und* estar *kann man sich am besten folgende Faustregeln einprägen:*

Mit dem Verb ser werden unabänderliche oder charakteristische Wesenszüge bezeichnet, z. B. Nationalität, Religion, Beruf, Herkunft, Charakter- bzw. wesensmäßige Eigenschaften, Farben.

Soy alemán / alemana.
(ich-)bin Deutscher / Deutsche
Ich bin Deutscher / Deutsche.

La mesa es pequeña.
die Tisch (sie-)ist klein(w)
Der Tisch ist klein.

Estar dagegen drückt einen vorübergehenden oder veränderlichen Zustand aus, z. B. Ortsangaben, Befinden, Stimmung.

Él está en el baño.
er (er-)ist in das Bad
Er ist im Bad.

Estamos cansados.
(wir-)sind müde(m,Mz)
Wir sind müde.

Die Unterscheidung von ser und estar wird anfangs etwas Mühe machen, ist aber sehr wichtig. Wie erheblich sich die Bedeutung unterscheiden kann, mag folgendes Beispiel veranschaulichen:

Esta carne es mala.
diese Fleisch (sie-)ist schlecht(w)
Das ist (qualitativ) schlechtes Fleisch.

Esta carne está mala.
diese Fleisch (sie-)ist schlecht(w)
Dieses Fleisch ist schlecht (= verdorben).

Dabei ist zu beachten, dass ein Eigenschaftswort als Ergänzung der Satzaussage (Prädikat) sich in Zahl und Geschlecht nach dem Satzgegenstand (Subjekt) richtet. Vergleiche:

Yo estoy cansado.
ich (ich-)bin müde
Ich bin müde.
(sagt ein Mann)

Yo estoy cansada.
ich (ich-)bin müde(w)
Ich bin müde.
(sagt eine Frau)

Tú eres bonito.
du (du-)bist schön
Du bist schön.
(zu einem Mann)

Tú eres bonita.
du (du-)bist schöne(w)
Du bist schön.
(zu einer Frau)

Nur Männer, oder Männer und Frauen.

Nosotros estamos solos.
wir (wir-)sind alleine(m,Mz)
Wir sind alleine.

Nur Frauen.

Nosotras estamos solas.
wir (wir-)sind alleine(w,Mz)
Wir sind alleine.

tener (haben, besitzen)
haber (haben [Hilfsverb])

Damit die Verben tener *und* haber *nicht verwechselt werden, wird* haber *in der Wort-für-Wort-Zeile mit „haben", * tener *jedoch mit „besitzen" übersetzt.*

Das deutsche Verb „haben" hat im Spanischen ebenfalls zwei Entsprechungen: Dabei bedeutet tener „haben" im Sinne von „besitzen", ist also kein Hilfsverb. Zur Bildung der zusammengesetzten Vergangenheitsformen wird hingegen ausschließlich haber verwendet.

	tener (haben, besitzen)	**haber** (haben *[Hilfsverb]*)
ich	**tengo**	**he**
du	**tienes**	**has**
er, sie, Sie	**tiene**	**ha**
wir	**tenemos**	**hemos**
ihr	**tienen**	**han**
sie / Sie *(Mz)*	**tienen**	**han**

Zur 3. Person Einzahl existiert außerdem die häufig gebrauchte unpersönliche Nebenform hay („es gibt", *wörtl.* „es hat").

Hay mucho sol.
es-gibt viel Sonne
Die Sonne scheint sehr stark.

Das unpersönliche hay tritt zudem in der wichtigen Wendung hay que (man muss) auf:

Hay que tener cuidado.
es-gibt dass haben Vorsicht
Man muss aufpassen.

Hay que levantarse temprano.
es-gibt dass aufstehen-sich früh
Man muss früh aufstehen.

Weitere Zeiten

Die Möglichkeiten der Zeitenbildung sind im Spanischen reichhaltiger als im Deutschen. Eine vollständige Darstellung würde jedoch den Rahmen des Kauderwelsch-Sprachführers sprengen, weshalb im Folgenden nur zwei Formen der Vergangenheit sowie der Zukunft vorgestellt werden. Damit wird man zwar nicht in jedem Fall korrekt sprechen, sich aber immer verständlich machen können.

Mittelwort (Partizip) der Vergangenheit

Für die Bildung der vollendeten Gegenwart (Perfekt), z. B. „ich bin gegangen", braucht man zunächst das Partizip Perfekt (z. B. „gegangen", „gelaufen"), das sehr einfach zu bilden ist. Dabei wird die Endung der Grundform durch die Endung des Partizips ersetzt.

-ar *wird zu* **-ado**	
hablar (sprechen)	**hablado** (gesprochen)
-er wird zu **-ido**	
comer (essen)	**comido** (gegessen)
-ir *wird zu* **-ido**	
vivir (leben)	**vivido** (gelebt)

Folgende Ausnahmen sollte man sich dabei merken:

abrir	öffnen	**abierto**	geöffnet
decir	sagen	**dicho**	gesagt
escribir	schreiben	**escrito**	geschrieben
hacer	machen, tun	**hecho**	gemacht, getan
poner	stellen, legen	**puesto**	gestellt, gelegt
ver	sehen	**visto**	gesehen

vollendete Gegenwart

Am schnellsten zu lernen ist das Perfekt (vollendete Gegenwart, z. B.: „ich bin gegangen"), weil man sich nur einige wenige Formen einprägen muss. Man kombiniert dafür die Gegenwartsformen des Hilfsverbs haber (haben) mit dem Partizip Perfekt des jeweiligen Verbs. Nur haber wird bei dieser Konstruktion gebeugt, das Partizip bleibt stets unverändert.

Achtung: Anders als im Deutschen werden die zusammengesetzten Zeiten niemals mit dem Hilfsverb „sein" gebildet!

... hablado	
he h.	ich habe gesprochen
has h.	du hast gesprochen
ha h.	er / sie hat / Sie haben gesprochen
hemos h.	wir haben gesprochen
han h.	ihr habt gesprochen
han h.	sie / Sie haben gesprochen

Das Perfekt wird im Allgemeinen für eine Handlung der Vergangenheit benutzt, die erst kürzlich geschehen ist bzw. noch Auswirkungen auf die Gegenwart hat. Im Satz gilt die Perfekt-Konstruktion (haber + Partizip Perfekt) als geschlossene Einheit, in die keine weiteren Wörter eingefügt werden können.

In Lateinamerika wird das Perfekt nicht so häufig benutzt wie in Spanien (stattdessen eher die einfache Vergangenheit). Es ist dennoch grammatikalisch völlig korrekt und für den Anfänger aufgrund seiner Einfachheit zu empfehlen.

He llegado hoy.
(ich-)habe angekommen heute
Ich bin heute angekommen.

Siempre hemos comido en este restaurante.
immer (wir-)haben gegessen in dieser Restaurant
Wir haben immer in diesem Restaurant gegessen. *(... und tun es noch heute)*

einfache Vergangenheit

Eine weitere Vergangenheitsform ist das indefinido, das der deutschen einfachen Vergangenheit entspricht, z. B. „ich ging". Dabei handelt es sich nicht um eine zusammengesetzte Zeit, sondern um eine eigenständige Beugungsform. Die Verben auf -er und -ir haben im Gegensatz zur Gegenwartsform die gleichen Beugungsendungen (in der Tabelle wieder durch Bindestriche abgetrennt).

	habl-ar sprechen	**com-er** essen	**viv-ir** leben
ich	**habl-é**	**com-í**	**viv-í**
du	**habl-aste**	**com-iste**	**viv-iste**
er, sie, Sie	**habl-ó**	**com-ió**	**viv-ió**
wir	**habl-amos**	**com-imos**	**viv-imos**
ihr	**habl-aron**	**com-ieron**	**viv-ieron**
sie / Sie *(Mz)*	**habl-aron**	**com-ieron**	**viv-ieron**

Das indefinido bezeichnet ein abgeschlossenes Ereignis in der Vergangenheit. Es ist im Spanischen sehr häufig und wird auch dort verwendet, wo man im Deutschen in der gesprochenen Sprache vorwiegend das Perfekt gebraucht.

Ayer comí con ella.
gestern (ich-)aß mit sie
Gestern habe ich mit ihr gegessen.

Él vivió dos años en Santiago.
er (er-)lebte zwei Jahre in Santiago
Er hat zwei Jahre in Santiago gelebt.
(... und lebt heute woanders)

einfache Vergangenheit von „sein" u. „haben"

	ser	estar	tener
ich	fui	estuve	tuve
du	fuiste	estuviste	tuviste
er, sie, Sie	fue	estuvo	tuvo
wir	fuimos	estuvimos	tuvimos
ihr	fueron	estuvieron	tuvieron
sie / Sie *(Mz)*	fueron	estuvieron	tuvieron

Zu beachten ist, dass ser (sein) und das unregelmäßige Verb ir (gehen) im indefinido die gleichen Formen bilden. So kann z. B. fue sowohl „er war" als auch „er ging" bedeuten. Für das Hilfsverb haber (haben) reicht es völlig aus, sich nur die 3. Person Einzahl („er / sie") zu merken: hubo. Diese Form ist nämlich zugleich die Vergangenheitsform des unpersönlichen hay (es gibt) und wird dementsprechend mit „es gab" übersetzt.

Zukunft

Die gebräuchlichste Art, zukünftige Ereignisse auszudrücken, ist die Kombination der gebeugten Form von ir (gehen), einem zwischengefügten a (etwa „zu“) und der Grundform des jeweiligen Verbs, das in die Zukunft gesetzt werden soll. Ir (gehen) ist ein unregelmäßiges Verb.

gebeugtes **ir** (gehen) + **a** (zu)+ Grundform des jeweiligen Verbs

Vamos a salir.
(wir-)gehen zu weggehen
Wir werden gleich weggehen.

Voy a pagar la cuenta mañana.
(ich-)gehe zu bezahlen die Rechnung morgen
Ich werde die Rechnung morgen bezahlen.

Am einfachsten (wenn auch nur in bestimmten Zusammenhängen wirklich korrekt) ist es natürlich, wie im Deutschen die Gegenwartsform mit einer entsprechenden Zeitangabe zu verwenden, z. B.: „ich gehe morgen“ anstatt „ich werde gehen“.

Mañana vamos a la catedral.
morgen (wir-)gehen zu die Kathedrale
Morgen gehen wir zur Kathedrale.

Neben den oben genannten Möglichkeiten gibt es für die Zukunft eine eigene Beugungsform (im Spanischen futuro imperfecto genannt). Diese Beugungsform wurde ursprünglich aus dem Infinitiv (Grundform) und dem nachgestellten gebeugten Hilfsverb haber (haben) gebildet (z. B. hablar he = „ich habe zu sprechen“ = ich werde sprechen). Aus der Verschmelzung dieser Elemente (aus hablar he wurde hablaré, aus hablar has wurde hablarás, usw.) sind dann die heutigen Formen entstanden, wodurch man sie sich leicht merken kann.

Die Beugungsendungen für die Bildung der Zukunft sind bei allen Beugungsklassen gleich. Sie werden an den vollständigen Infinitiv (Grundform) angehängt (hier wiederum durch Bindestriche abgetrennt):

hablar	sprechen
hablar-é	ich werde sprechen
hablar-ás	du wirst sprechen
hablar-á	er / sie wird sprechen / Sie werden sprechen
hablar-emos	wir werden sprechen
hablar-án	ihr werdet sprechen
hablar-án	sie / Sie werden sprechen

Estará contento / contenta con la habitación.
(er-/sie-)wird-sein zufrieden(m/w) mit die Zimmer
Sie werden mit dem Zimmer zufrieden sein.

Die Zukunftsform verwendet man auch, um eine Vermutung auszudrücken.

¿Qué hora será?
was Stunde (sie-)wird-sein
Wie spät mag es sein?

Modalverben

Exakte Entsprechungen zwischen den deutschen und den spanischen Modalverben gibt es nicht.

Die (gebeugten) Modalverben werden im Allgemeinen in Verbindung mit (in der Grundform stehenden) Vollverben gebraucht und geben der Satzaussage dadurch einen zusätzlichen „modalen“ Bedeutungsaspekt (Möglichkeit, Notwendigkeit, Verpflichtung usw.).

deber	poder	querer	saber	tener que
debo	puedo	quiero	sé	tengo que
debes	puedes	quieres	sabes	tienes que
debe	puede	quiere	sabe	tiene que
debemos	podemos	queremos	sabemos	tenemos que
deben	pueden	quieren	saben	tienen que
deben	pueden	quieren	saben	tienen que

deber (müssen, sollen, dürfen)

Mit deber wird zumeist eine Notwendigkeit bezeichnet, die sich aus einer moralischen Verpflichtung ergibt.

Debemos apoyar este plan.
(wir-)müssen unterstützen dieser Plan
Wir müssen diesen Plan unterstützen.

No debes hacerlo.
nicht (du-)darfst machen-es
Du darfst das nicht tun.

¿Qué le debo?
was ihm/ihr (ich-)schulde
Was schulde ich Ihnen?

Wichtig: deber *als Vollverb bedeutet „schulden, (jemandem etwas) schuldig sein".*

poder / saber (können)

Mit poder wird eine Möglichkeit oder Fähigkeit ausgedrückt, die von äußeren Umständen, vom Willen oder einer Erlaubnis abhängt.

¡No puedo más!
nicht (ich-)kann mehr
Ich kann nicht mehr!

¡Aquí no se puede fumar!
hier nicht sich (es-)kann rauchen
Man darf hier nicht rauchen!

Mit saber (können, wissen) hingegen bezeichnet man eine erlernte oder auch angeborene Fähigkeit.

Todos saben nadar.
alle (sie-)wissen schwimmen
Alle können schwimmen.

querer (wollen)

Möchte man einen Willen oder Wunsch ausdrücken, verwendet man das Verb querer.

Queremos ir a la playa.
(wir-)wollen gehen zu die Strand
Wir wollen zum Strand gehen.

Bei einem höflich geäußerten Wunsch benutzt man anstelle des sehr direkten quiero (ich will) die Konjunktivform quisiera (ich würde wollen).

Quisiera ver algunos cuartos.
(ich-)würde-wollen sehen einige Zimmer
Ich würde gern einige Zimmer sehen.

Als Vollverb hat querer die Bedeutung „lieb haben“.

Te quiero.
dich (ich-)habe-lieb
Ich habe dich lieb.

tener que (müssen)

Mit tener que wird eine Notwendigkeit bzw. ein äußerer Zwang angezeigt.

Tengo que ir al médico.
(ich-)besitze dass gehen zum Arzt
Ich muss zum Arzt.

Rückbezügliche Verben

Rückbezügliche (reflexive) Verben haben im Infinitiv (Grundform) stets die zusätzliche Endung -se („sich“), z. B. lavarse (sich waschen). Bei der Beugung trennt sich -se vom Infinitiv und wird in der 3. Person *Ez* / *Mz* zu einem selbstständigen rückbezüglichen Fürwort, das vor dem Verb steht. In allen anderen Personen steht das persönliche Fürwort.

lavarse	*waschen-sich*	sich waschen
me lavo	*mich (ich-)wasche*	ich wasche mich
te lavas	*dich (du-)wäschst*	du wäschst dich
se lava	*sich (er-/sie-)wäscht*	er / sie wäscht sich, Sie *(Ez)* waschen sich
nos lavamos	*uns (wir-)waschen*	wir waschen uns
se lavan	*sich (sie-)waschen*	ihr wascht euch
se lavan	*sich (sie-)waschen*	sie waschen sich, Sie *(Mz)* waschen sich

Im Satz nimmt das rückbezügliche Fürwort eine andere Position ein als im Deutschen. Normalerweise steht es wie ein unbetontes persönliches Fürwort direkt vor dem gebeugten Verb. In Kombination mit Modalverben wird es jedoch an die Grundform angehängt.

Se decidió a comprar la casa.
sich (er-/sie-)entschloss zu kaufen die Haus
Er / Sie entschloss sich, das Haus zu kaufen.

Rückbezügliche Verben

Neben vielen Verben, die wie im Deutschen rückbezüglich sind oder entsprechend verwendet werden können (wie z. B. lavar = waschen, lavarse = sich waschen), gibt es Verben, die im Spanischen immer rückbezüglich sind, im Deutschen aber nicht. Dazu gehören z. B.:

levantarse	aufstehen
desvestirse	ausziehen
bañarse	baden
quedarse	bleiben
casarse	heiraten
irse	weggehen
llamarse	heißen
despertarse	aufwachen
callarse	schweigen
detenerse	stehenbleiben
pelearse	streiten

Me voy.
mich (ich-)gehe
Ich gehe weg.

Me llamo Pedro.
mich (ich-)nenne Pedro
Ich heiße Pedro.

¡Cállate!
schweig-dich
Halt die Klappe!

Das rückbezügliche se *wird auch verwendet, um das deutsche unpersönliche „man" auszudrücken.*

Se venden souvenirs.
sich (sie-)verkaufen Souvenirs
Man verkauft Souvenirs.

Se habla alemán.
sich (es-)spricht Deutsch
Man spricht Deutsch.

Satzstellung

Der Satzbau ist im Spanischen ähnlich dem Grundmuster des Deutschen. Zu beachten ist, dass die gebeugten unbetonten persönlichen Fürwörter („mir", „dir" ..., „mich", „dich" ...), die rückbezüglichen Fürwörter („sich") sowie das Verneinungswort no (nicht) anders als im Deutschen immer vor dem Verb stehen.

Der einfache Aussagesatz folgt meist folgendem Schema:

Subjekt	Prädikat	Objekt
El niño	**toma**	**el jugo.**
der Kind	*(er-)nimmt*	*der Saft*
Das Kind	trinkt	den Saft.
Nosotros	**te damos**	**la llave.**
wir	*dir (wir-)geben*	*die Schlüssel*
Wir	geben dir	den Schlüssel.

Subjekt: Satzgegenstand
Prädikat: Satzaussage
Objekt: Satzergänzung

Auch wenn ein Umstandswort (Adverb) oder ein anderes Wort vorangestellt wird, bleibt das Grundschema erhalten. Es erfolgt also keine Umstellung von Subjekt und Prädikat wie im Deutschen.

Ebenso gibt es im Spanischen keine abweichende Wortreihenfolge in untergeordneten Nebensätzen (z. B. mit „weil" oder „als").

Hoy el Señor Vargas va al cine.
heute der Herr Vargas (er-)geht zum Kino
Heute geht Herr Vargas ins Kino.

Verneinung

Aussagesätze werden durch no (nein, nicht) verneint, welches grundsätzlich vor der Satzaussage (Prädikat) steht. Im Spanischen wird auch dann das Verb verneint, wenn sich im Deutschen die Verneinung auf das Hauptwort bezieht.

Desgraciadamente no puedo venir.
leider(Umst.) nicht (ich-)kann kommen
Ich kann leider nicht kommen.

No tengo tiempo.
nicht (ich-)besitze Zeit
Ich habe keine Zeit.

Estos zapatos no me gustan.
diese Schuhe nicht mir (sie-)gefallen
Diese Schuhe gefallen mir nicht.

Die speziellen Verneinungsfürwörter „niemand", „nichts", „niemals" usw. benötigen im Spanischen eine besondere Konstruktion, die eigentlich eine doppelte Verneinung darstellt. Dabei wird das Verb mit no (nein, nicht) verneint und das Verneinungsfürwort in der Regel an das Ende des Satzes gestellt. Diese verdoppelte Verneinung ergibt also nicht etwa eine positive Aussage.

no ... ninguno	keiner *(m)*
no ... ninguna	keine *(w)*
no ... nadie	niemand
no ... nunca	niemals
no ... jamás	niemals
no ... nada	nichts
no ... tampoco	auch nicht
no ... en ninguna parte	nirgendwo
no ... a ninguna parte	nirgendwohin
no ... de ninguna parte	nirgendwoher

No entiendo nada.
nicht (ich-)verstehe nichts
Ich verstehe nichts.

No volverá nunca.
nicht (er-/sie-)wird-zurückkommen niemals
Er / Sie wird nie zurückkommen.

Die Verneinung des Verbs entfällt nur dann, wenn das besondere verneinende Wort (z. B. „nie", „nichts") dem Verb vorangestellt ist.

Nunca he comido tanto.
nie (ich-)habe gegessen soviel
Nie habe ich soviel gegessen.

Nadie me contestó.
niemand mir (er-/sie-)antwortete
Es hat mir niemand geantwortet.

Fragen

Hier wird zwischen Entscheidungsfragen und Ergänzungsfragen unterschieden.

Entscheidungsfragen

Entscheidungsfragen sind Fragen, die man nur mit sí (ja) oder no (nein) beantworten kann. In der Regel wird in der Frage Satzgegenstand (Subjekt) und Satzaussage (Prädikat) gegenüber der Wortstellung im normalen Aussagesatz vertauscht.

Este es el camino hacia ...
dieser (er-)ist der Weg nach ...
Das ist der Weg nach ...

¿Es este el camino hacia ... ?
(er-)ist dieser der Weg nach ....
Ist das der Weg nach ... ?

Es ist aber ebenso möglich, die Wortfolge des Aussagesatzes beizubehalten und nur mittels einer ansteigenden Satzmelodie anzuzeigen, dass es sich um eine Frage handelt.

¿Este es el camino hacia ... ?
dieser (er-)ist der Weg nach ...
Das ist der Weg nach ... ?

Ergänzungsfragen

Ergänzungsfragen werden durch spezielle Fragewörter eingeleitet; man antwortet mit einem vollständigen Satz. Auch hier werden Satzgegenstand und Satzaussage umgestellt.

¿Dónde está el museo?
wo (er-)ist der Museum
Wo ist das Museum?

¿Cuándo viene tu hermana?
wann (sie-)kommt deine Schwester
Wann kommt deine Schwester?

¿(desde) cuándo?	(seit) wann?
¿por qué?	warum?
¿qué?	was?
¿cuál?	welche(r)?
¿quién?	wer?
¿cómo?	wie?
¿cuánto?	wie viel?
¿cuántos?	wie viele? *(m)*
¿cuántas?	wie viele? *(w)*
¿cuánto tiempo? *wie-viel Zeit*	wie lange?
¿dónde?	wo?
¿para qué? *für was*	wofür?
¿de dónde? *von wo*	woher?
¿adónde? *zu-wo*	wohin?

Fragen

Etliche Fragewörter sind mit Bindewörtern identisch. Um sie von diesen zu unterscheiden, werden Fragewörter mit einem Akzent geschrieben, Bindewörter aber nicht, z. B. ¿cuándo? (wann?), aber cuando (wenn, als).

¿Hola, cómo le va?
hallo wie ihm/ihr (es-)geht
Hallo, wie geht es Ihnen?

¿Cuánto vale esta bolsa?
wie-viel (sie-)kostet diese Tasche
Wie viel kostet diese Tasche?

¿Cuándo llega el autobus?
wann (er-)ankommt der Bus
Wann kommt der Bus an?

¿Cómo te llamas?
wie dich (du-)rufst
Wie heißt du?

¿Quién es?
wer (er-/sie-)ist
Wer ist das?

¿Qué es eso?
was (es-)ist dieses
Was ist das?

¿Dónde vives?
wo (du-)wohnst
Wo wohnst du?

Auffordern & Befehlen

Die Bildung der Befehlsform (Imperativ) ist einfach, wenn man den Ansprechpartner duzt: Die Befehlsform ist mit der 3. Person Einzahl Gegenwart („er / sie") identisch. In der Wort-für-Wort-Übersetzung ist die Befehlsform mit einem Ausrufezeichen gekennzeichnet.

habla	er / sie spricht	**¡habla!**	sprich!
come	er / sie isst	**¡come!**	iss!
vive	er / sie lebt	**¡vive!**	lebe!

¡Habla más alto!
sprich! mehr laut
Sprich lauter!

¡Come, Francisco!
iss! Francisco
Iss, Francisco!

Wird eine Person gesiezt, geht man von der Du-Befehlsform Einzahl aus: Die Endung -a wird regelmäßig durch -e ersetzt, und -e wird durch -a ersetzt (also genau anders herum). Im Spanischen ist dies die Möglichkeitsform, genannt subjuntivo.

¡habla!	sprich!	**¡hable!**	sprechen Sie!
¡come!	iss!	**¡coma!**	essen Sie!
¡vive!	lebe!	**¡viva!**	leben Sie!

Oft wird der Sie-Befehlsform darüber hinaus Usted nachgestellt:

¡Hable Usted!
(er-/sie-)spreche Sie
Sprechen Sie!

¡Coma Usted todo!
(er-/sie-)esse Sie alles
Essen Sie alles!

¡Viva Usted bien!
(er-/sie-)lebe Sie gut(Umst.)
Leben Sie wohl!

Fordert man mehrere Personen zu etwas auf, geht man von der 3. Person Mehrzahl („sie“) aus und bildet wieder den subjuntivo: Die Endung -an wird durch -en ersetzt, und -en wird durch -an ersetzt.

hablan	sie sprechen	**¡hablen!**	sprecht! sprechen Sie!
comen	sie essen	**¡coman!**	esst! essen Sie!
viven	sie leben	**¡vivan!**	lebt! leben Sie!

Häufig gebrauchte Verben bilden aber vielfach unregelmäßige Befehlsformen. Hier nur die wichtigsten:

ir(se) (gehen)	**¡ve(te)!** (geh!)	**¡vaya(se)!** (gehen Sie!)
dar (geben)	**¡da!** (gib!)	**¡dé!** (geben Sie!)
decir (sagen)	**¡di!** (sage!)	**¡diga!** (sagen Sie!)
oír (hören)	**¡oye!** (höre!)	**¡oiga!** (hören Sie!)
salir (weggehen)	**¡sal!** (geh fort!)	**¡salga!** (gehen Sie weg!)
tener (haben, besitzen)	**¡ten!** (habe!)	**¡tenga!** (haben Sie!)
venir (kommen)	**¡ven!** (komm!)	**¡venga!** (kommen Sie!)
ver (sehen)	**¡ve!** (sieh!)	**¡vea!** (sehen Sie!)

¡Ven aquí!
komm! hier
Komm her!

¡Tome Usted esto!
(er-/sie-)nehme Sie dieses
Nehmen Sie das hier!

Die höfliche Befehlsform wird lediglich durch Voranstellung von no (nicht) verneint:

¡hable!	sprechen Sie!
¡no hable!	sprechen Sie nicht!
¡haga!	machen Sie!
¡no haga!	machen Sie nicht!

Die Verneinung der Du-Befehlsform ist komplizierter, da nicht nur no (nicht) vorangestellt wird, sondern für das Verb auch wieder der subjuntivo erforderlich wird, und zwar diesmal in der 2. Person Einzahl. Dazu hängt man an die höfliche (!) Befehlsform jeweils noch die Endung -s an. Sicherlich wird man aber auch verstanden, wenn man der Einfachheit halber der Befehlsform einfach nur no voranstellt.

¡Habla! – ¡No hables!
Sprich! – Sprich nicht!

¡Come! – ¡No comas!
Iss! – Iss nicht!

Eine Besonderheit ist hier noch zu erwähnen: Werden die gebeugten persönlichen oder die rückbezüglichen Fürwörter in eine Befehlsform eingebaut, so werden sie stets an diese angehängt:

me dice	*mir (er-/sie-)sagt*	er / sie sagt mir
¡dime!	*sag-mir!*	sag mir!
¡dímelo!	*sag-mir-es!*	sag es mir!
se va	*sich (er-/sie-)geht*	er / sie geht weg
¡vete!	*geh-dich!*	geh weg!

Verlaufsform

Die im Spanischen sehr häufig verwendete Verlaufsform wird in vergleichbarer Form im Deutschen nicht benutzt (wohl aber im Englischen und in deutschen Dialekten). Man bezeichnet damit eine gerade ablaufende Handlung. Die Verlaufsform setzt sich aus der jeweiligen gebeugten Form von estar (sein) und dem Partizip (Mittelwort) der Gegenwart, z. B.: „sprechend“, „essend“) zusammen.

Wie das Partizip Perfekt (z. B. „gesprochen“, „gegessen“) wird auch das Partizip der Gegenwart ganz regelmäßig gebildet, indem man die Endung des Infinitivs (Grundform) durch -ando bzw. -iendo ersetzt.

-ar *wird zu* **-ando**:	
hablar (sprechen)	**hablando** (sprechend)
-er *wird zu* **-iendo**:	
comer (essen)	**comiendo** (essend)
-ir *wird zu* **-iendo**:	
vivir (leben)	**viviendo** (lebend)

Ella está escribiendo una carta.
sie (sie-)ist schreibend eine Brief
Sie schreibt gerade einen Brief.

Están saliendo.
(sie-)sind weggehend
Sie sind dabei fortzugehen.

Bindewörter

Aus der Vielzahl der Bindewörter, die Sätze oder Satzteile miteinander verknüpfen, seien hier nur die wichtigsten genannt:

y	und	**porque**	weil
o	oder	**si**	wenn, falls; ob
pero	aber	**cuando**	wenn, als; sobald
aunque	obwohl	**como**	wie; da
sino	sondern	**que**	dass; welche(r, -s)
sin embargo	jedoch		

Si viene él, yo me quedo.
wenn (er-)kommt er ich mich (ich-)bleibe
Wenn er kommt, bleibe ich hier.

Me pregunto si viene él.
mich (ich-)frage ob (er-)kommt er
Ich frage mich, ob er kommt.

Beachten Sie: Einige Bindewörter werden in verschiedenen Bedeutungen verwendet.

Die Funktionen von que sind besonders vielfältig. Es übernimmt die Bedeutung des deutschen „dass“, tritt aber auch als Relativpronomen „welcher, welche, welches“ oder als Vergleichspartikel „als“ im Vergleichssatz auf:

Dice que viene pronto.
(er-)sagt dass (er-)kommt bald
Er sagt, dass er bald komme.

La mesa que está allí.
die Tisch welche (sie-)ist dort
Der Tisch, der dort steht.

Isabel trabaja mejor que otros.
Isabel (sie-)arbeitet besser als andere
Isabel arbeitet besser als andere.

Verhältniswörter

Die Verhältniswörter werden nicht immer wie im Deutschen benutzt. Eine markante Schwierigkeit ist z. B. die Unterscheidung von para und por.

a	nach, zu	**en**	in, an, auf
bajo	unter	**entre**	zwischen
cerca de	nahe bei	**fuera de**	außerhalb von
con	mit	**hacia**	gegen, in Richtung
contra	gegen	**hasta**	bis
de	von, aus	**junto a**	neben
delante de	vor	**para**	für
dentro de	innerhalb von	**por**	wegen; durch; für
desde	von ... aus; seit	**sin**	ohne
detrás de	hinter	**sobre**	auf

Mit para wird ein Zweck, eine Bestimmung oder eine persönliche Ansicht bezeichnet.

Esta hamaca es un regalo para mi hermano.
diese Hängematte ist ein Geschenk für mein Bruder
Diese Hängematte ist ein Geschenk für meinen Bruder.

Para él es una cosa extraordinaria.
für er (sie-)ist eine Sache außergewöhnliche
Für ihn ist es eine außergewöhnliche Sache.

Por dient einmal zur Angabe eines Grundes oder einer Ursache, dann aber auch als Orts- oder Zeitangabe.

Él se queda dentro de la casa por la lluvia.
er sich bleibt drinnen von die Haus wegen die Regen
Er bleibt im Haus wegen des Regens.

Viaja por Chile.
(er-/sie-)reist durch Chile
Er / Sie reist durch Chile.

Besonders zu beachten ist, dass man bei dem Hinweis auf das benutzte Verkehrsmittel nicht con (mit) – wie man vom Deutschen her erwarten könnte – sondern en (in) verwendet:

No vamos en taxi, sino en bus.
nicht (wir-)fahren in Taxi sondern in Bus
Wir fahren nicht mit dem Taxi, sondern mit dem Bus.

In vielen Fällen, in denen man por *im Deutschen mit „für" wiedergibt, steckt eigentlich ebenfalls „wegen" (also eine Angabe eines Grundes) dahinter. So wird der Satz* Lo hago por ti *üblicherweise übersetzt als „Ich tue es für dich". Tatsächlich bedeutet er aber für den Spanischsprecher eher „Ich tue es deinetwegen".*

Die berühmten moai der Osterinsel

Stehen die Verhältniswörter a und de vor dem bestimmten männlichen Artikel el, verschmelzen sie zu einer neuen Form:

a	+	**el**	=	**al**	(zu dem, zum)
de	+	**el**	=	**del**	(von dem, vom)

Mit dem weiblichen Artikel (a la / las, de la / las) und mit dem männlichen Artikel Mehrzahl (a los, de los) findet eine solche Verschmelzung jedoch nicht statt.

Zahlen & Zählen

Im Spanischen sind folgende Grund-, Ordnungs- und Bruchzahlen gebräuchlich:

Grundzahlen

0	**cero**	10	**diez**		
1	**uno**, **un**, **una**	11	**once**		
2	**dos**	12	**doce**	20	**veinte**
3	**tres**	13	**trece**	30	**treinta**
4	**cuatro**	14	**catorce**	40	**cuarenta**
5	**cinco**	15	**quince**	50	**cincuenta**
6	**seis**	16	**dieciséis**	60	**sesenta**
7	**siete**	17	**diecisiete**	70	**setenta**
8	**ocho**	18	**dieciocho**	80	**ochenta**
9	**nueve**	19	**diecinueve**	90	**noventa**

Uno wird (auch in den zusammengesetzten Zahlen) vor einem männlichen Hauptwort zu un und vor einem weiblichen Hauptwort zu una.

Im Gegensatz zum Deutschen stellt man die Einer den Zehnern nach, diese wiederum den Hunderten usw. Nur zwischen Zehner und Einer wird y (und) eingefügt. Ausnahmen sind lediglich die zusammengesetzten Zahlen von 21 bis 29.

21	**veintiuno / -ún / -una**	31	**treinta y uno / un / una**
22	**veintidós**	32	**treinta y dos**
23	**veintitrés**	33	**treinta y tres**
74	**setenta y cuatro**		
85	**ochenta y cinco**		
96	**noventa y seis**		

In den zusammengesetzten Zahlen heißt „100“ nicht cien, sondern ciento, ab „200“ jedoch cientos *(m)* bzw. cientas *(w)*, je nach Geschlecht des dazugehörigen Hauptwortes. Besondere Formen haben 500, 700 und 900.

100	**cien (ciento)**	700	**setecientos / -as**
101	**ciento uno/un/una**	800	**ochocientos / -as**
200	**doscientos / -as**	900	**novecientos / -as**
300	**trescientos / -as**	1000	**mil**
400	**cuatrocientos / -as**	2000	**dos mil**
500	**quinientos / -as**	3000	**tres mil** *(usw.)*
600	**seiscientos / -as**	10.000	**diez mil**

una hora
eine Stunde
eine Stunde

veintiún libros
zwanzig-und-ein Bücher
21 Bücher

ciento cuarenta y una vacas
hundert vierzig und eine Kühe
141 Kühe

setecientos treinta y tres pesos
siebenhundert dreißig und drei Pesos
733 Pesos

Ordnungszahlen

Ordnungszahlen verhalten sich wie Eigenschaftswörter und richten sich in Zahl und Geschlecht nach dem entsprechenden Hauptwort, dem sie in der Regel vorangestellt sind. Die weibliche Form der Ordnungszahl erhält man, indem man die Endung -o durch -a ersetzt.

primero	erster	**sexto**	sechster
segundo	zweiter	**séptimo**	siebter
tercero	dritter	**octavo**	achter
cuarto	vierter	**noveno**	neunter
quinto	fünfter	**décimo**	zehnter

Bei den Ordnungszahlen primero (erster) und tercero (dritter) entfällt die Endung -o vor männlichen Hauptwörtern.

el primer piso (erster Stock)
el segundo piso (zweiter Stock)

Es la tercera vez que estoy en Chile.
(sie-)ist die dritte Mal dass (ich-)bin in Chile
Es ist das dritte Mal, dass ich in Chile bin.

Bruchzahlen

medio	einhalb	**un tercio**	ein Drittel
la mitad	die Hälfte	**un cuarto**	ein Viertel

Zeit & Datum

Im Folgenden nun das Wichtigste zum Thema Zeit & Datum.

allgemeine Zeitangaben

hoy	heute	**ya**	schon
mañana	morgen	**ya no**	nicht mehr
pasado mañana	übermorgen	**todavía**	noch
ayer	gestern	**todavía no**	noch nicht
anoche	gestern abend	**ahora**	jetzt
anteayer	vorgestern	**en seguida**, **al tiro**	sofort, gleich
por la mañana	morgens	**pronto**	bald
al mediodía	mittags	**luego**, **entonces**	dann
por la tarde	nachmittags	**a veces**, **de vez en cuando**	manchmal
por la noche	abends / nachts	**muchas veces**	oft
diariamente	täglich	**siempre**	immer
(más) temprano	früh(er)	**nunca**	nie
(más) tarde	spät(er)	**antes**	vorher
		después	nachher

hace una semana
(es-)macht eine Woche
vor einer Woche

desde ayer
seit gestern
seit gestern

de hoy en tres días
von heute in drei Tagen
in drei Tagen

Uhrzeit

Zur Angabe der Uhrzeit wird das Verb ser (sein) benutzt. Die Stunde wird immer mit dem bestimmten Artikel genannt. Da hora (Stunde) ein weibliches Hauptwort ist, werden jeweils die weiblichen Formen gewählt.

¿Qué hora es?
was Stunde (sie-)ist
Wie spät ist es?

¿Qué horas son?
was Stunden (sie-)sind
Wie spät ist es?

Es la una.
(sie-)ist die eine(w)
Es ist ein Uhr.

Son las dos.
(sie-)sind die zwei
Es ist zwei Uhr.

Son las tres.
(sie-)sind die drei
Es ist drei Uhr.

Normalerweise werden in Chile die Stunden nur im 12-Std.-Rhythmus gezählt, eine Angabe wie „achtzehn Uhr" ist unüblich. Um Missverständnisse zu vermeiden, kann die Tageszeit hinzugefügt werden:

... de la mañana *... von die Morgen*	... morgens
... de la tarde *... von die Nachmittag*	... nachmittags
... de la noche *... von die Nacht*	... abends / nachts

Son las seis de la mañana.
(sie-)sind die sechs von die Morgen
Es ist sechs Uhr früh (6:00).

Son las seis de la tarde.
(sie-)sind die sechs von die Nachmittag
Es ist sechs Uhr abends (18:00).

Minuten, Viertelstunden und halbe Stunden werden zu den vollen Stunden mit y hinzugezählt oder auf die folgende volle Stunde mit para (für) bezogen.

las cinco y diez
die fünf und zehn
zehn nach fünf

cinco para las ocho
fünf für die acht
fünf vor acht

las dos y media
die zwei und halbe
halb drei

la una y cuarto
die eine und viertel
viertel nach eins

un cuarto para las tres
ein viertel für die drei
viertel vor drei

Es gibt darüber hinaus noch folgende feststehende Ausdrücke:

Es mediodía.
(er-)ist Mittag
Es ist zwölf Uhr mittags.

Es medianoche.
(sie-)ist Mitternacht
Es ist Mitternacht.

Son las dos en punto.
(sie-)sind die zwei in Punkt
Es ist genau zwei Uhr.

¿A qué hora vienes?
zu was Stunde (du-)kommst
Um wie viel Uhr kommst du?

A las cinco.
zu die fünf
Um fünf.

Achtung: Das in Spanien übliche las tres y pico *(kurz nach drei) ist in Chile immer wieder Anlass zu Heiterkeit, da* pico *dort ein vulgäres Wort für „Schwanz, Penis" ist.*

Wochentage

lunes	Montag	**viernes**	Freitag
martes	Dienstag	**sábado**	Samstag
miércoles	Mittwoch	**domingo**	Sonntag
jueves	Donnerstag	**día feriado**	Feiertag

Wendungen wie „am Montag" oder „montags" werden im Spanischen mit dem bestimmten Artikel ausgedrückt.

Nos encontramos el sábado.
uns (wir-)treffen der Samstag
Wir treffen uns am Samstag.

Los lunes muchos museos están cerrados.
die Montage viele Museen (sie-)sind geschlossene
Montags sind viele Museen geschlossen.

Monate

enero	Januar	**julio**	Juli
febrero	Februar	**agosto**	August
marzo	März	**septiembre**	September
abril	April	**octubre**	Oktober
mayo	Mai	**noviembre**	November
junio	Juni	**diciembre**	Dezember

en el mes de julio
in der Monat von Juli
im Monat Juli

en julio
in Juli
im Juli

Datum

Beim Datum wird nur der erste des Monats als Ordnungszahl angegeben, sonst werden die Tage mit den jeweiligen Grundzahlen benannt. Bei den Jahreszahlen zählt man nicht wie im Deutschen mit Vielfachen von Hundert (z. B. „Neunzehnhundert"), sondern mit mil (tausend).

¿Qué fecha tenemos?
was Datum (wir-)besitzen
Welches Datum haben wir?

el quince de septiembre
der fünfzehn von September
den 15. September

el primero de octubre de mil novecientos noventa y cinco
der erste von Oktober von tausend neunhundert neunzig und fünf
der 1. Oktober 1995

Nací el cuatro de enero ...
(ich-)wurde-geboren der vier von Januar ...
Ich wurde am 4. Januar ... geboren.

¿Qué día tenemos hoy?
was Tag (wir-)besitzen heute
Welchen Tag haben wir heute?

Hoy es sábado.
heute (er-)ist Samstag
Heute ist Samstag.

Jahreszeiten

la primavera	Frühling
el verano	Sommer
el otoño	Herbst
el invierno	Winter

Die Bezeichnungen für die Jahreszeiten werden stets mit dem Artikel verwendet.

Maße & Mengen

Hier folgt nun einiges über Zentimeter, Liter & Co.

un centímetro	1 cm	**un litro**	1 l
un metro	1 m	**un gramo**	1 g
un kilómetro	1 km	**un kilogramo**	1 kg

	una botella	eine Flasche
	una ración	eine Portion
umgangssprachlich	**harto, ene**	ein Haufen, viel
	una docena	ein Dutzend
	un vaso	ein Glas

Naturlandschaften

Die gewaltige Kette der Anden, die trockenste Wüste der Welt, riesige Salzseen, aktive Vulkane, Geysire und heiße Thermen, uralte Nebelwälder, tief ins Land eingeschnittene Fjorde, Gletscher, endlose Pampa-Ebenen und über 6000 km Küste: Chiles Landschaft ist extrem abwechslungsreich. Möglichkeiten zum Wandern bieten sich vor allem in den vielen parques nacionales (Nationalparks), von denen der Torres del Paine in Patagonien sicherlich der großartigste ist. Die Nationalparks werden von der staatlichen Forstbehörde CONAF (Corporación Nacional Forestal) verwaltet, bei deren guardaparques (Rangern) man sich sicherheitshalber an- und abmelden sollte. Als Wintersportfan findet man bei Santiago hervorragend erschlossene und gut besuchte Skiparadiese.

Touristische Informationen aller Art erhält man bei den Büros des Sernatur (Servicio Nacional de Turismo).

Himmelsrichtungen

norte *(m)*	Norden	**sur**	Süden
este *(m)*	Osten	**oeste** *(m)*	Westen

Landschaft

costa	Küste	**río**	Fluss
bahía	Bucht	**campo**	Feld, Land
mar	Meer	**bosque** *(m)*	Wald
playa	Strand	**fundo**	Farm
lago	See	**vereda**	Fußweg
isla	Insel	**camino**	Weg *(allg.)*

Skifahren

esquí *(m)*	Ski
buzo de esquí	Skianzug
botas de esquí	Skistiefel
fijación	Bindung
bastón	Skistock
cera	Wachs
nieve (polvo)	(Pulver-)Schnee
pista	Piste
bajada	Abfahrt

andarivel	Skilift
congelado	gefroren
derretido	getaut

Bergsteigen und Trekking

escalar	bergsteigen
caminar	wandern
cerro, **monte** *(m)*	Berg
punta, **cumbre** *(w)*	Gipfel
volcán	Vulkan
terma	heiße Quelle
glaciar, **ventisquero**	Gletscher
sierra	Gebirgszug
puna, **altiplano**	Hochebene der Anden
guía *(m/w)*	Führer
salar	Salzsee
valle *(m)*	Tal
paso	Pass
cueva	Höhle
refugio	Berghütte
carpa	Zelt
botas	Stiefel
mochila	Rucksack
cuerda	Seil
pica	Eispickel
grampones	Steigeisen
derrumbe *(m)*	Steinlawine
soroche *(m)*	Höhenkrankheit

heladura	Erfrierung
guardaparque	Parkaufseher
Socorro Andino	Bergwacht
Club Andino	Andenverein

Pflanzen

alerce	bis 60 m hohe Zypressenart	*wörtl. „Lärche“*
amancay *(m)*	Inkalilie	
araucaria	Araukarie, Schuppentanne	
árbol	Baum *(allg.)*	
avellano	*Gevuina avellana*	
boldo	Boldopflanze *(gut für die Leber, z. B. als Tee)*	
calafate *(m)*	ein Strauch Patagoniens	
canelo	eine Magnolienart *(heiliger Baum der Mapuche)*	
ciprés *(m)*	Sumpfzeder	
coihue *(m)*	Südbuchenart	
colihue *(m)*	Bambusart	
copihue *(m)*	Chilenische Wachsglocke *(Nationalblume Chiles)*	
laurel	Lorbeerbaum	
lenga	Südbuchenart	
nalca	*Gunnera chilensis*	
ñiro *(m)*, **roble** *(m)*	Südbuchenart	*wörtl. „Eiche“*
soldadillo	Kapuzinerkresse	
ulmo	*Eucryphia cordifolia*	*wörtl. „Ulme“*

Tiere

Säugetiere

alpaca	Alpaka *(ähnl. Lama)*	**guanaco**	wilde Lamaart
armadillo	Gürteltier	**guiña**	chilen. Waldkatze
buey *(m)*	Ochse	**huemul**	Andenhirsch
burro	Esel	**laucha**	Maus
caballo	Pferd	**liebre** *(w)*	Hase
cabra	Ziege	**llama**	Lama
cerdo, **chancho**	Schwein	**mula**	Maultier
coipo	Biberratte, Nutria	**oveja**	Schaf
colocolo	chilen. Bergkatze	**perro**	Hund
conejo	Kaninchen	**pudú** *(m)*	Zwerghirsch
culpeo	Andenschakal	**puma** *(m)*, **león**	Puma
cuy *(m)*	Meerschweinchen		
chilla	Grauer Andenfuchs	**rata**	Ratte
chinchilla	Chinchilla	**toro**	Stier
degú *(m)*	Nagetierart	**vicuña**	Vikunja *(ähnl. Lama)*
foca	Robbe	**vizcacha**	Hasenmaus
gato	Katze	**zorro**	Fuchs
gato montés	Kleinfleckkatze		

Insekten u. ä.

araña	Spinne	**libélula**	Libelle
araña del trigo	Schwarze Witwe	**mariposa**	Schmetterling
avispa	Wespe	**mosca**	Fliege
barata, **cucaracha**	Kakerlake	**mosquito**, **zancudo**	Mücke

chinche *(w)*	Wanze	**piojo**	Laus
escorpión	Skorpion	**pulga**	Floh
gusano	Wurm	**tábano**	Bremse
hormiga	Ameise		

Fische, Meeressäuger & Reptilien

ballena	Wal	**trucha**	Forelle
delfín	Delphin	**lagartija**	Eidechse
pez *(m)*	Fisch	**serpiente** *(w)*, **culebra**	Schlange
tiburón	Hai	**tortuga**	Schildkröte

Kaiserpinguin in der chilenischen Antarktis

Vögel

(el) águila *(w)*	Adler	**jote** *(m)*	Rabengeier
condor	Kondor	**ñandú** *(m)*	amerikan. Strauß
choroy *(m)*	Langschnabelsittich	**pájaro**	Vogel
gallina	Huhn	**pato**	Ente
gallo	Hahn	**pavo**	Truthahn
gaviota	Möwe	**pavo real**	Pfau
guayata	Andengans	**pelícano**	Pelikan

Die Osterinsel

Die fast 3800 km vor der chilenischen Pazifikküste gelegene sagenumwobene Osterinsel (Isla de Pascua) gehört seit 1888 zu Chile. Ihren Namen verdankt sie dem Holländer Jacob Roggeveen, der sie Ostern 1722 entdeckte (die östliche Spitze der Insel ist heute nach ihm benannt). In der Sprache ihrer Ureinwohner heißt die Insel Rapa Nui (Großer Stein) oder Te Pito Te Henua (der Nabel der Welt). Nach der ersten Besiedelung – wahrscheinlich um 800 n. Chr. durch polynesische Seefahrer – entwickelte sich das Osterinselvolk nahezu isoliert von äußeren Einflüssen, bis Überbevölkerung und Stammeskriege die kulturelle Blüte beendeten. Hinzu kamen Krankheiten, Auswanderung nach Tahiti und vor allem die Verschleppung durch peruanische Sklavenjäger, so dass Mitte des vorigen Jahrhunderts nur noch knapp über 100 Osterinsulaner überlebt hatten. Heute leben auf der kargen Insel wieder etwa 2500 Nachfahren der Ureinwohner vorwiegend von der Schaf- und Rinderzucht sowie vom Tourismus.

Charakteristisch für die Osterinsel sind die etwa 600 moai, um 10 Meter hohe und zum Teil über 200 Tonnen schwere Statuen aus schwarzem Tuffgestein. Man kann mehrere Haupttypen unterscheiden, die wahrscheinlich aus verschiedenen Epochen stammen.

Die langgezogenen Nasen und Ohren in den kantigen Gesichtern sind jedoch als wesentliche Stilelemente allen gemeinsam. Wie diese riesigen Büsten hergestellt und transportiert wurden, und vor allem welche Bedeutung sie hatten, darüber streiten sich die Gelehrten noch heute.

Die Sprache der Osterinsulaner, ebenfalls Rapa Nui genannt, gehört zur polynesischen Sprachfamilie und ist unter anderem eng verwandt mit den auf Hawaii und Tahiti gesprochenen Sprachen. Auch eine Schrift kannte man auf der Osterinsel (als einziger Insel Polynesiens). Sie bestand aus hieroglyphenähnlichen Zeichen und wurde meist in Holztafeln geritzt. Während die Sprache heute noch neben Spanisch gesprochen wird, geriet die Schrift in Vergessenheit und ist noch immer nicht komplett entziffert.

moai	Osterinselstatue
ahu	Altar
pukao	Kopfschmuck der Statuen

Hier gibt's die allerfrischesten ostiones

Kurz-Knigge

Wer als Reisender den Menschen, die er unterwegs trifft, respektvoll und zurückhaltend gegenübertritt, kann eigentlich kaum etwas falsch machen. Vielleicht sollte man auch daran denken, dass das eigene Verhalten mit dem Land, aus dem man kommt, assoziiert wird und damit dazu beitragen kann, Vorurteile ab- oder auch aufzubauen.

Chilenen gehen höflicher miteinander um als Deutsche. Vor allem beim Kennenlernen sowie bei offiziellen Anlässen, Behördengängen usw. wird sogar eine gewisse Förmlichkeit sehr geschätzt. Dies äußert sich beispielsweise in Floskeln wie ¡Pase adelante! („Treten Sie doch ein!" – vorher sollte man selbiges denn auch nicht tun) oder ¡Con permiso! („Gestatten Sie!" – etwa wenn man sich durch einen vollen Bus drängelt)

Bei Begrüßungen gibt jeder jedem die Hand, auch wenn das Ganze dadurch etwas länger dauert. Befreundete Männer umarmen sich oft und klopfen sich auf die Schulter. Frauen bekommen einen angedeuteten Kuss auf die rechte Wange (auch Frauen untereinander)

Immer wenn mehrere Leute irgenwo auf etwas warten, bilden sie eine Schlange. Vordrängeln gilt als sehr grob und unhöflich.

Chilenen legen sehr viel Wert auf ein gepflegtes Äußeres. Das geht so weit, dass

Chileninnen unterziehen sich regelmäßig der depilación, *der Enthaarung mittels heißem Wachs am ganzen Körper. Besonders Achselbehaarung gilt als schmutzig (womit ich niemandem zu dieser Tortur raten möchte).*

z. B. Leute, die keine Dusche besitzen, sich morgens die Haare nass kämmen, um frischgeduscht auszusehen. Je bescheidener die Lebensverhältnisse, desto ordentlicher die Kleidung. Am besten passt man sich den einheimischen Gepflogenheiten an: Männer tragen (außer am Strand) keine kurzen Hosen, Frauen sollten auf freizügige Kleidung verzichten und auf jeden Fall einen BH tragen. Männer mit Ohrringen gelten bestenfalls als unmännlich.

Bei privaten Treffen verabredet man sich meist in einem Café o. ä. Eine Einladung nach Hause ist bereits ein großes Zeichen der Verbundenheit, allerdings nur ernst zu nehmen, wenn sie ein zweites Mal bestätigt wurde.

Chilenische Pünktlichkeit bedeutet, frühestens eine halbe Stunde nach der vereinbarten Zeit zu kommen.

Alleinreisende Frauen haben es leichter, wenn sie sich zum nächtlichen Pistenbummel zumindest mit einer zweiten Frau zusammentun. Auch Chileninnen gehen mit Freundinnen ohne Männer aus.

Zwischen ca. 13 und 15 Uhr läuft das Leben in Chile auf Sparflamme, denn dann hält man siesta. Man tut gut daran, diese nicht zu stören.

Besonders Mapuche lassen sich nicht gern fotografieren (besonders bei ihren rituellen Festen), was man respektieren sollte.

Die Zeit der Militärdiktatur und deren Gräueltaten ist immer noch für viele Chilenen ein Tabuthema. Sie sollte also nur behutsam behandelt werden.

Die Bezeichnung indios für die Ureinwohner Lateinamerikas klingt nicht nur im Deutschen diskriminierend. Stattdessen verwendet man besser den Begriff indígenas (sowohl für Männer als auch für Frauen), was „Einheimische" bedeutet.

Dass man nicht hemmungslos Menschen fotografiert, ohne sich vorher in irgendeiner Form ihrer Einwilligung vergewissert zu haben, sollte eigentlich selbstverständlich sein.

Sicherheit

Chile ist eines der sichersten Reiseländer Lateinamerikas, und Santiago ist nicht gefährlicher als Berlin oder Hamburg. Trotzdem sollte man Diebstähle nicht provozieren, indem man Schmuck, Kameraausrüstung oder andere Wertgegenstände offen zur Schau trägt.

In Menschenmengen (Busse, Metro, Bahnhöfe usw.) ist es sinnvoll, den Rucksack vor dem Körper zu tragen.

typische Gesten und Handzeichen

Wenn der erhobene Zeigefinger hin- und herbewegt wird, so bedeutet das „nein".

Ein mit erhobener Hand von Daumen und Zeigefinger gebildeter Kreis bedeutet nicht etwa ein Lob, sondern „Arschloch". Sehr beleidigend!

Wenn man jemanden zu sich herwinkt, so erfolgt das nicht mit der Handfläche nach oben wie bei uns, sondern mit der Handfläche nach unten.

Beim Zählen mit den Fingern beginnen Chilenen mit dem kleinen Finger und nicht mit dem Daumen.

Namen & Anrede

Im Alltag wird meist nur ein Vorname und der erste Nachname (der des Vaters) benutzt, oder der zweite Nachname wird abgekürzt, z. B. Juan Echeverría R.

Die Nachnamen (apellidos) der Chilenen setzen sich wie die der Spanier aus den jeweils ersten Familiennamen des Vaters und der Mutter zusammen.

Namen

Ebenso haben die meisten Chilenen mehrere Vornamen (nombres), z. B.:

Juan	**Enrique**	**Echeverría**	**Riveros**
(1. Vorname)	(2. Vorname)	(Nachname Vater)	(Nachname Mutter)

Anrede

Außerdem gibt es die Form señorita *(Fräulein). Im täglichen Leben werden diese Anredeformen gewöhnlich ohne den Nachnamen verwendet.*

Die normale Anrede einer Person, die man siezt, ist señor (für Männer) oder señora (für Frauen), gefolgt vom ersten Nachnamen:

señora Echeverría Frau Echeverría
señor Echeverría Herr Echeverría

¡Señoras y señores!
Meine Damen und Herren!

Por favor, señor, ¿qué hora es?
bitte Herr was Stunde (sie-)ist
Entschuldigen Sie, wie spät ist es?

Begrüßen & Verabschieden

Unter Bekannten (aber beispielsweise auch unter Fremden, die einander gerade vorgestellt werden) ist nach der Begrüßung die Frage nach dem Befinden obligatorisch. Beliebt ist die Kurzformel ¡Buenas!.

Begrüßen

¡Hola!	Hallo!	
¡Buenos días!	Guten Morgen! Guten Tag!	
¡Buenas tardes!	Guten Tag!	*nachmittags*
¡Buenas noches!	Guten Abend! Gute Nacht!	
¡Bienvenido!	Herzlich willkommen!	*zum Mann*
¡Bienvenida!	Herzlich willkommen!	*zur Frau*

¡Hola! ¿Cómo estás?
hallo wie (du-)bist
Hallo! Wie geht's?

¡Hola! ¿Qué tal?
hallo was solches
Hallo! Wie geht's?

¡Buenos días! ¿Cómo está Usted?
gute Tage wie (er/sie)ist Sie
Guten Tag! Wie geht es Ihnen?

Wenn man sich nicht gut kennt, sollte man diese Fragen nicht allzu genau nehmen. Die Standardantwort lautet dann immer „gut".

Bien, ¿y tú? *gut und du*	Gut, und dir?
Muy bien, gracias. *sehr gut danke*	Danke, sehr gut.
¿Y Usted? *und Sie*	Und Ihnen?
Regular.	Mäßig.
Más o menos. *mehr oder weniger*	Es geht so.
Como siempre.	Wie immer.

Mit einem Smartphone können Sie sich die mit einem gekennzeichneten Sätze dieses Kapitels anhören. Scannen Sie einfach den QR-Code mit Hilfe einer kostenlosen App (z. B. „Barcoo" oder „Scanlife").

Sich / Jemanden vorstellen

¿Cómo te llamas?
wie dich (du-)rufst
Wie heißt du?

¿Cuál es su nombre?
welcher (er-)ist sein Name
Wie ist Ihr Name?

Me llamo ...
mich (ich-)rufe ...
Ich heiße ...

Mi nombre es ...
mein Name (er-)ist ...
Mein Name ist ...

Le / Te presento a mi amigo Jorge.
ihm/ihr / dir (ich-)vorstelle zu mein Freund Jörg
Darf ich Ihnen / dir meinen Freund Jörg vorstellen?

Mucho gusto (en conocerte / en conocerle).
viel Gefallen (in kennen-lernen-dich / in kennen-lernen-ihm/ihr)
Sehr erfreut (dich / Sie kennen zu lernen)!

encantado *sagt ein Mann,* encantada *sagt eine Frau.*

Encantado / Encantada.
erfreut(m/w)
Sehr erfreut.

Fue un placer.
(es-)war ein Vergnügen
Es war mir ein Vergnügen.

Igualmente.
gleich(Umst.)
Ebenfalls. / Ganz meinerseits.

Verabschieden

¡Adiós!	Auf Wiedersehen!
¡Hasta luego! *bis dann*	Bis bald!
¡Hasta mañana! *bis morgen*	Bis morgen!
¡Hasta más tarde! *bis mehr spät*	Bis später!
¡Nos vemos! *uns (wir-)sehen*	Wir sehen uns!
¡Chau! / **¡Chauíto!**	Tschüss!

Auch ¡Buenos días! usw. kann als Abschiedsfloskel benutzt werden, das klingt dann etwas unpersönlicher. Weitere Ausdrücke:

¡Que te vaya bien!
dass dir (es-)gehe gut(Umst.)
Alles Gute!
(wenn man sich duzt)

¡Que le vaya bien!
dass ihm/ihr (es-)gehe gut(Umst.)
Alles Gute!
(wenn man sich siezt)

¡Cuídate!
aufpass!-dich
Pass auf dich auf!

¡Pásalo bien!
verbring!-es gut(Umst.)
Lass es dir gutgehen!

Bitten, Wünschen & Danken

Hier nun einige wichtige Sätze zum Bitten, Wünschen und Danken.

Bitten

¡Por favor!	Me permite.	¡Con permiso!
durch Gefallen	*mir (er-/sie-)erlaubt*	*mit Erlaubnis*
Bitte!	Gestatten Sie?	Gestatten Sie?

Wünschen

¡Suerte! *Glück*	Viel Glück!
¡Que te diviertas! *dass dich (du-)vergnügst*	Viel Vergnügen!
¡Buen viaje! *gute Reise*	Gute Fahrt!
¡Que duermas bien! *dass (du-)schläfst gut(Umst.)*	Schlaf gut!
¡Ojalá!	Hoffentlich!
¡Que se mejore! *dass sich (er-/sie-)bessere*	Gute Besserung!
¡Feliz cumpleaños! *glücklicher Geburtstag*	Herzlichen Glückwunsch zum Geburtstag!
¡Feliz pascua!	Frohe Ostern!
¡Feliz navidad!	Frohe Weihnachten!
¡Feliz año nuevo! *glücklicher Jahr neu*	Frohes Neues Jahr!

Danken

¡Muchas gracias!
viele Danke
Vielen Dank!

¡Muy amable!
sehr liebenswürdig
Sehr liebenswürdig!

¡Le agradezco mucho!
ihm/ihr (ich-)bedanke viel
Ich danke Ihnen sehr!

Auf „danke!“ kann man nicht mit ¡Por favor! *antworten, sondern meist mit:*

De nada.
von nichts
Keine Ursache!

No hay de qué.
nicht es-gibt von was
Keine Ursache!

Floskeln & Redewendungen

Auch in Chile sind einige Floskeln unerlässlich.

Vorschläge ablehnen

No, gracias.
nein Danke
Nein, danke.

¡De ninguna manera!
von keine Art
Auf keinen Fall!

No es así.
nicht (es-)ist so
Das ist nicht so.

No lo creo.
nicht es (ich-)glaube
Das glaube ich nicht.

No puedo aceptar, porque ...
nicht (ich-)kann akzeptieren weil ...
Ich kann das nicht annehmen, weil ...

Sich freuen

¡Qué bueno!
was schön
Wie schön!

¡Qué alegría (verte)!
was Freude (sehen-dich)
Was für eine Freude (dich zu sehen)!

¡Me encanta!
mich (es-)erfreut
Es freut mich!

¡Me gusta muchísimo!
mir (es-)gefällt sehr-viel
Er / Sie / Es gefällt mir sehr!

Eher umgangssprachlich sind:

¡Qué rico!
Wie schön!

¡Qué dije!
Wie herrlich!

¡Superregio!
Super!

¡Descueve!
Toll!

¡De miedo!
Wahnsinn!

¡La raja!
Geil!

Überrascht sein

¿De veras?
von Wahrheit
Wirklich?

¡No me digas!
nicht mir (du-)sagst
Was du nicht sagst!

Wenn man erschrocken ist:

¡Increíble!
Unglaublich!

¡Pucha!
Oh je!

Sich entschuldigen

¡Perdón!
Pardon!

¡Disculpa!
Entschuldige!

¡Disculpe!
Entschuldigen Sie!

¡Lo siento (mucho)!
es (ich-)fühle (sehr)
Tut mir (sehr) Leid!

No es grave.
nicht (es-)ist ernst
Ist nicht schlimm.

No pasó nada.
nicht (es-)passierte nichts
Es ist nichts passiert.

So kann man auf eine Entschuldigung antworten.

No te preocupes.
nicht dich (du-)sorgest
Mach dir keine Sorgen.

No se preocupe.
nicht sich (er-/sie-)sorge
Machen Sie sich keine Sorgen.

Meinungen haben

Creo que ...	Ich glaube, dass ...
Pienso que ...	Ich denke, dass ...
Opino que ...	Ich meine, dass ...
Me parece que ...	Mir scheint, dass ...
Se me hace que ...	Mir scheint, dass ...

Eine typische Einleitungsfloskel ist ¡Fíjate ...! (wenn man sich duzt) bzw. ¡Fíjese ...! (wenn man sich siezt), was etwa mit „Stell dir vor ...!“ übersetzt werden kann.

Ebenfalls sehr gebräuchlich ist Mira, ... *(Sieh mal, ...) bzw.* Mire, ... *(Sehen Sie, ...).*

Gleichgültig sein

¿Y qué?
und was
Na und?

A mí, no me importa.
zu mir nicht mir (es-)ist-wichtig
Interessiert mich nicht.

Me da igual.
mir (es-)gibt gleich
Ist mir gleich.

Vorschläge annehmen

¡Sí!	Ja!
¡Claro (que sí)!	Natürlich!
¡Cierto!	Sicher!
¡Exactamente!	Genau!
¡Ese mismo!	Genau der!
¡Ahí mismo!	Genau da!
¡Cómo no! *(wie nicht)*	Auf jeden Fall!
¡Así es!	So ist es!
¡Buena idea!	Gute Idee!
Está bien.	Ist gut.

De acuerdo.
von Übereinstimmung
Einverstanden.

Tienes razón.
(du-)hast Vernunft
Du hast recht.

Eso es verdad.
das (es-)ist Wahrheit
Das ist wahr.

Eso lo creo.
das es (ich-)glaube
Das glaube ich.

Sí, con mucho gusto.
ja mit viel Vergnügen
Ja, gerne.

Das erste Gespräch

Ihr erstes Gespräch könnte etwa so verlaufen:

¡Hola, rubio!
hallo Blonder
Hallo, Blonder!

Tú no eres de acá, ¿verdad?
du nicht (du-)bist von hier Wahrheit
Du bist nicht von hier, richtig?

Sí, estoy de viaje.
ja (ich-)bin von Reise
Ja, ich bin auf der Reise.

¿De dónde vienes?
von wo (du-)kommst
Woher kommst du?

Vengo de Alemania.
(ich-)komme von Deutschland
Ich komme aus Deutschland.

Länder & Nationalitäten

Bélgica	Belgien
belga *(m+w)*	belgisch; Belgier / -in
Alemania	Deutschland
alemán / **alemana** *(m/w)*	deutsch; Deutscher / Deutsche
Holanda	Niederlande
holandés / **holandesa** *(m/w)*	niederländisch; Niederländer / -in
Austria	Österreich
austríaco / **austríaca** *(m/w)*	österreichisch; Österreicher / -in
Suiza	Schweiz
suizo / **suiza** *(m/w)*	schweizerisch; Schweizer / -in

Städte

Bruselas	Brüssel	**Munich**	München
Hamburgo	Hamburg	**Viena**	Wien
Colonia	Köln		

¿Has estado antes ya en Chile?
(du-)hast gewesen vorher schon in Chile
Bist du schon mal in Chile gewesen?

No, es la primera vez.
nein (sie-)ist die erste Mal
Nein, es ist das erste Mal.

Das erste Gespräch

¿Cómo te llamas?
wie dich (du-)rufst
Wie heißt du?

Me llamo Pedro. ¿Y tú? / ¿Y Usted?
mich (ich-)rufe Peter und du / und Sie
Ich heiße Peter, und du? / Und Sie?

Mi nombre es Juan.
mein Name (er-)ist Juan
Mein Name ist Juan.

¿Y qué andas haciendo por aquí?
und was (du-)gehst machend durch hier
Und was treibst du hier so?

Estoy de vacaciones.
(ich-)bin von Ferien
Ich mache Urlaub.

¿Ya llevas mucho tiempo acá en Chile?
schon (du-)trägst viel Zeit hier in Chile
Bist du schon lange hier in Chile?

Casi dos meses.
fast zwei Monate
Fast zwei Monate.

Desgraciadamente en una semana ya tengo que regresar.
leider in eine Woche schon (ich-)besitze dass zurückkehren
Leider muss ich in einer Woche schon wieder zurück.

¿Te gusta Chile?
dir (er-)gefällt Chile
Gefällt dir Chile?

Sí, muchísimo, es un país fascinante.
ja sehr-viel (er-)ist ein Land faszinierend
Ja, sehr, es ist ein faszinierendes Land.

Tienes que ir al desierto, es impresionante.
(du-)besitzt dass gehen zum Wüste (er-)ist beeindruckend
Du musst unbedingt in die Wüste fahren, das ist beeindruckend.

¿Estudias o trabajas?
(du-)studierst oder (du-)arbeitest
Studierst du oder arbeitest du?

Estudio biología.
(ich-)studiere Biologie
Ich studiere Biologie.

Studienfächer

arquitectura	Architektur	**derecho**	Jura
ingeniería civil	Bauingenieur	**ingeniería mecánica**	Maschinenbau
biología	Biologie	**matemática**	Mathematik
economía	BWL / VWL	**medicina**	Medizin
química	Chemie	**música**	Musik
geografía	Geographie	**pedagogía**	Pädagogik
geología	Geologie	**física**	Physik
historia	Geschichte	**psicología**	Psychologie
informática	Informatik		

Y tú, ¿qué haces?
und du was (du-)machst
Und du, was machst du?

Yo soy ...
ich bin ...
Ich bin ...

Berufe

empleado/-a *(m/w)*	Angestellte/-r
farmacéutico/-a *(m/w)*	Apotheker/-in
obrero/-a *(m/w)*	Arbeiter/-in
arquitecto/-a *(m/w)*	Architekt/-in
doctor/-a, médico/-a *(m/w)*	Arzt / Ärztin
panadero/-a *(m/w)*	Bäcker/-in
campesino/-a *(m/w)*	Bauer / Bäuerin
funcionario público	Beamter
cartero/-a *(m/w)*	Briefträger/-in
electricista *(m+w)*	Elektriker/-in
pescador/-a *(m/w)*	Fischer/-in
peluquero/-a *(m/w)*	Friseur/-in
ama de casa	Hausfrau
ingeniero/-a *(m/w)*	Ingenieur/-in

periodista *(m+w)*	Journalist/-in
enfermero/-a *(m/w)*	Krankenpfleger / -schwester
profesor/-a, maestro/-a *(m/w)*	Lehrer/-in
pintor/-a *(m/w)*	Maler/-in
mecánico/-a *(m/w)*	Mechaniker/-in
carnicero/-a *(m/w)*	Metzger/-in
músico/-a *(m/w)*	Musiker/-in
sacerdote *(m)*, **padre** *(m)*, **cura** *(m)*	Pfarrer
policía *(m+w)*	Polizist/-in
abogado/-a *(m/w)*	Rechtsanwalt/-wältin
pensionado/-a *(m/w)*	Rentner/-in
actor / actriz *(m/w)*	Schauspieler/-in
sastre *(m+w)*	Schneider/-in
escritor/-a *(m/w)*	Schriftsteller/-in
zapatero/-a *(m/w)*	Schuhmacher/-in
alumno/-a *(m/w)* – **estudiante** *(m+w)*	Schüler/-in – Student/-in

¿Cuántos años tienes?
wie-viele Jahre (du-)besitzt
Wie alt bist du?

Tengo treinta años.
(ich-)besitze dreißig Jahre
Ich bin dreißig Jahre alt.

Wetter

Das Wetter ist wie überall ein beliebtes Konversationsthema. Es wird mit hace *(es macht) und dem jeweiligen Hauptwort, z. B.* calor *(Wärme), beschrieben.*

Hace calor. *(es-)macht Wärme*	Es ist warm.
Hace frío. *(es-)macht Kälte*	Es ist kalt.
Hace viento. *(es-)macht Wind*	Es ist windig.
Hace buen / mal tiempo. *(es-)macht gutes / schlechtes Wetter*	Das Wetter ist gut / schlecht.
Hace veinticinco grados. *(es-)macht zwanzig-fünf Grade*	Es sind 25 Grad.

Zu Gast sein

Eine Einladung – meist nachmittags zur once oder abends zur cena – ist erst dann ernst zu nehmen, wenn sie wiederholt wird und ein konkreter Termin ausgemacht ist.

Aber selbst dann sollte man sicherheitshalber vorher noch einmal telefonieren. Es ist durchaus üblich, ein kleines Geschenk mitzubringen.

¡Pasa / ¡Pase (adelante)!
vorbeigeh! / (er-/sie-)vorbeigehe (vorwärts)
Tritt / Treten Sie doch ein!

Esta es su casa.
diese (sie-)ist sein/ihr Haus
Fühlen Sie sich wie zu Hause!

¡Toma / ¡Tome asiento, por favor!
nimm! / (er-/sie-)nehme Sitzplatz durch Gefallen
Nimm / Nehmen Sie doch bitte Platz!

¡Siéntate / ¡Siéntese, por favor!
setz!-dich / (er-/sie-)setze-sich durch Gefallen
Setz dich / Setzen Sie sich doch, bitte!

¡Buen provecho!
guter Nutzen
Guten Appetit!

¡Sírvete! / ¡Sírvase!
bediene!-dich / (er-/sie-)bediene-sich
Nimm dir / Nehmen Sie sich doch!

Mit einem Smartphone können Sie sich die mit einem gekennzeichneten Sätze dieses Kapitels anhören.

Está muy rica la comida.
(sie-)ist sehr reiche die Essen
Das Essen ist sehr lecker.

¿Te / ¿Le sirvo más?
dir / ihm/ihr (ich-)serviere mehr
Darf ich dir / Ihnen noch etwas geben?

¡Qué rico!
was reich
Wie lecker!

Sí, gracias, un poquito más del choclo, por favor.
ja Danke ein bisschen mehr von-der Mais durch Gefallen
Ja gerne, noch etwas Mais bitte.

No, gracias, está riquísimo pero ya estoy satisfecho / satisfecha.
nein Danke (es-)ist sehr-reich aber schon (ich-)bin befriedigt(m/w)
Nein danke, es ist sehr lecker, aber ich bin wirklich schon satt.

¿Me pasas / pasa las papas, por favor?
mir (du-)reichst / (er-/sie-)reicht die Kartoffeln durch Gefallen
Reichst du / Reichen Sie mir bitte mal die Kartoffeln?

Familie

¿Tienes / ¿Tiene hermanos / niños?
(du-)besitzt / (er-/sie-)besitzt Geschwister / Kinder
Hast du / haben Sie Geschwister / Kinder?

Sí, una hija.
ja eine Tochter
Ja, eine Tochter.

¿Eres / ¿Es casado / casada?
(du-)bist / (er-/sie-)ist verheiratet(m/w)
Bist du / Sind Sie verheiratet?

divorciado	geschieden	**casado**	verheiratet
soltero	ledig	**viudo**	verwitwet

Aquí tengo unas fotos.
hier (ich-)besitze einige Fotos
Ich habe Fotos dabei.

Este / Esta es ...
dieser(m/w) ist ...
Das ist ...

Estos / Estas son ...
diese(m/w) sind ...
Das sind ...

amigo	Freund	**amiga**	Freundin
pololo, novio	fester Freund, Verlobter	**polola, novia**	feste Freundin, Verlobte
marido	Ehemann	**esposa**	Ehefrau
papá, padre	Vater	**mamá, madre**	Mutter
abuelo	Großvater	**abuela**	Großmutter
hermano	Bruder	**hermana**	Schwester
hijo	Sohn	**hija**	Tochter
nieto	Enkel	**nieta**	Enkelin
tío	Onkel	**tía**	Tante
sobrino	Neffe	**sobrina**	Nichte
primo	Cousin	**prima**	Cousine
cuñado	Schwager	**cuñada**	Schwägerin
suegro	Schwiegervater	**suegra**	Schwiegermutter

In der Mehrzahl werden (wie sonst auch) die männlichen Formen benutzt: padres (Eltern), abuelos (Großeltern), hermanos (Geschwister) usw. Wenn Chilenen von ihrer vieja (Alte) sprechen, kann wie bei uns die Freundin, die Ehefrau oder die Mutter gemeint sein. Entsprechend natürlich für die männliche Form viejo. Los viejos sind meist die Eltern.

Noch etwas mehr „Chile-Slang“:

mina, galla, cabra, tipa	Mädchen, Frau
compadre, gallo, cabro, tipo	Mann *(Typ)*
es un plato	der Typ ist okay
lolo / lola	Teenie
guagua	Baby
al tiro	sofort
buena / mala onda	gut / schlecht drauf
carretear	einen drauf machen
no más	nur
cartucho	verklemmt
cartuchón	prüder Typ
guatón	Dickerchen
siútico	affektiert
pesado	unausstehlich
cargante	aufdringlich
rasco, chulo, picante	vulgär, ordinär
cuico, quebrado	arrogant
momio	spießig, Spießer
bolsero	Schnorrer
conventillo, casita	Mietskaserne
Valpo	Valparaíso
Chuqui	Chuquicamata
¡Salta (pa' lao)!	Mach mal halblang!
¿Dónde la viste?	Red' keinen Scheiß!
¡Pa' na! (¡Para nada!)	Ach was!
¡Ya po!	Los! Mach schon!

Vor allem nach sí und no, aber auch hinter viele andere Wörter, setzen Chilenen gern ein (völlig bedeutungsloses) po (= pues): ¡sí po!, ¡No po! usw.

Liebesgeflüster & mehr

Typisch chilenisch ist die aus der Sprache der Mapuche stammende Bezeichnung pololo / polola für den festen Freund bzw. die feste Freundin. Ein pololeo ist ein Flirt (kann aber manchmal auch die Bedeutung eines Gelegenheitsjobs haben), und pololear heißt soviel wie „fest befreundet sein“, „miteinander gehen“.

amor – amar, querer	Liebe – lieben
enamorarse	sich verlieben
extrañar, echar de menos	vermissen *(jemanden)*
cariño – cariñoso	Zärtlichkeit – zärtlich
abrazo	Umarmung
abrazar	umarmen
beso – besar	Kuss – küssen
anticonceptivo	Verhütungsmittel
píldora	*(die)* Pille
condón, preservativo	Kondom
espiral	Spirale
estar embarazada	schwanger sein
test *(m)* **de embarazo**	Schwangerschaftstest
aborto	Abtreibung
violación	Vergewaltigung
violar	vergewaltigen
menstruación, regla	Menstruation
homosexual	Homosexueller; homosexuell

sehr beleidigend

maricón, fleto	Schwuler; schwul
lesbiana	Lesbe, lesbisch
SIDA	AIDS
cafiche *(m)*	Zuhälter
prostitución	Prostitution
prostituta	Prostituierte
puta, ramera	Nutte
burdel	Bordell

Quiero hacer el amor contigo.
(ich-)will machen der Liebe mit-dir
Ich will mit dir schlafen.

¿Estás tomando la píldora?
(du-)bist nehmend die Pille
Nimmst du die Pille?

¿Tienes pololo?
(du-)besitzt fester-Freund
Hast du einen festen Freund?

¿Tienes un condón?
(du-)besitzt ein Kondom
Hast du ein Kondom?

Te quiero.
dich (ich-)liebe
Ich liebe dich.

No quiero.
nicht (ich-)will
Ich will nicht.

Tengo mi regla.
(ich-)besitze meine Regel
Ich habe meine Tage.

Für „miteinander schlafen“ sowie für die Geschlechtsteile gibt es – wie wohl in jeder Sprache – eine Vielzahl von poetischen, nüchternen und vulgären Ausdrücken, wobei die letzteren (mit * gekennzeichnet) eindeutig überwiegen. Hier eine kleine Auswahl:

hacer el amor *(die Liebe machen)*, **acostarse con ...** *(ins Bett gehen mit ...)*, **culiar***, **afilar***, **pisar***, **echar un polvo***	miteinander schlafen
pene *(m)*, **pico*** *(Schnabel)*, **verga*** *(Rute)*, **pilula***	Penis
vagina, **concha*** *(Muschel)*	Vagina
pecho(s), **busto**, **tetas*** *(Euter)*, **gomas*** *(Gummis)*	Busen

¡Déjeme en paz!
(er-/sie-)lasse-mich in Frieden
Lassen Sie mich in Frieden!

¡Déjame tranquila!
lass!-mich ruhig(w)
Lass mich in Ruhe! *(sagt eine Frau)*

Unterwegs

Eine der Hauptverkehrsadern Santiagos, die direkt am Zentrum vorbeiführende Avenida Libertador Bernardo O'Higgins, *wird überall nur* Alameda *genannt, was jedoch in keinem Stadtplan steht.*

In chilenischen Städten ist das Straßennetz schachbrettartig angelegt. Die dadurch entstandenen Häuserblöcke heißen cuadras. Je cuadra steigen die Hausnummern um 100 an, was die Orientierung sehr erleichtert. Der zentrale Platz im Zentrum heißt meistens Plaza de Armas (Platz der Waffen).

in der Stadt

Disculpe, ¿dónde queda la calle ... ?
(er-/sie-)entschuldige wo (sie-)bleibt die Straße ...
Entschuldigen Sie, wo ist die Straße ... ?

¿Dónde está ... ?
wo (es-)ist ...
Wo ist ... ?

¿Podría mostrármelo en el mapa, por favor?
(er-/sie-)könnte zeigen-mir-es in der Karte durch Gefallen
Könnten Sie es mir bitte auf der Karte zeigen?

¿Cuánto falta para ... ?
wie-viel (es-)fehlt für ...
Wie weit ist es bis ... ?

¡Sigue! / ¡Siga!
Geh weiter! / Gehen Sie weiter!

Queda muy cerquita.
(es-)bleibt sehr nah-chen
Es ist ganz in der Nähe.

Está aquí a la vuelta.
(es-)ist hier zu die Wendung
Es ist gleich hier um die Ecke.

Es la tercera calle a la izquierda después del cruce grande.
(sie-)ist die dritte Straße zu die linke nach von-der Kreuzung groß
Es ist die dritte Straße links nach der großen Kreuzung.

a la izquierda	(nach) links	**a la derecha**	(nach) rechts
derecho, **recto**	geradeaus	**atrás**	zurück
enfrente	gegenüber	**al lado de**	neben
delante de	vor	**detrás de**	hinter
lejos	weit	**cerca**	nah
acá, **aquí**	hier	**allá**, **allí**	dort
por acá	hierher	**por allá**	dorthin
fuera de la ciudad	außerhalb der Stadt	**en el centro**	im Zentrum
calle *(w)*	Straße	**cruce** *(m)*	Kreuzung
semáforo	Ampel	**plaza**	Platz
esquina	Ecke	**barrio**	Stadtviertel
cuadra	Häuserblock	**población**, **callampa**	Slum
en dirección	in Richtung	**teleférico**	Seilbahn
funicular	Schrägaufzug		

Está lejitos, a unas quince cuadras de aquí.
(es-)ist weit-chen zu einige fünfzehn Häuserblöcke von hier
Es ist ziemlich weit, ungefähr fünfzehn Straßen von hier.

mit Bus und Metro

Wen die gummibereiften Wagen an Paris erinnern, der braucht sich nicht zu wundern: Sie stammen vom selben Hersteller.

Santiago verfügt seit einigen Jahren über eine sehr moderne, schnelle und saubere metro. Wer sich das Schlangestehen vor den Fahrkartenschaltern (und auch etwas Geld) sparen will, kauft ein carnet, das sind zehn Fahrkarten auf einmal. Die ebenfalls von der Metro betriebenen metrobuses sind Zulieferer zu den Metrostationen.

Im Zentrum (zum Beispiel an der Alameda*) die richtige* micro *in einen Außenbezirk zu erwischen, ist nicht leicht, da man sehr wenig Zeit hat, um auf den Scheiben der vorbeirasenden* micros *das richtige Stichwort zu erkennen.*

Die kreuz und quer durch Santiago fahrenden Kleinbusse heißen micros *(w)*. Sie halten neuerdings nicht mehr überall, sondern nur noch an bestimmten Haltestellen (paraderos), und auch dort nur, wenn man dem Fahrer ein Zeichen gibt. Fahrtziel und -route sind an der Windschutzscheibe angeschlagen, Fahrpläne gibt es nicht.

Man bezahlt beim Fahrer und bekommt einen boleto (Fahrschein). Die hin und wieder durchgeführten Kontrollen gelten weniger den Fahrgästen als vielmehr dem unterbezahlten Fahrer, der das Fahrgeld ja schwarz eingesteckt haben könnte. Manche Chilenen geben daher ihren boleto dem Fahrer beim Aussteigen zurück, damit er ihn erneut verkaufen kann.

Por favor, ¿dónde pasa una micro que va al centro?
durch Gef. wo (sie-)vorbeifährt eine Kleinbus dass (sie-)geht zum Zentrum
Entschuldigung, wo fährt ein Bus Richtung Zentrum?

¿Me podría dejar en Provi con Suecia, por favor?
mich (er-/sie-)könnte lassen in Providencia mit Suecia durch Gefallen
Könnten Sie mich bitte an der Ecke Providencia / Suecia rauslassen?

¿Cuántas paradas faltan hasta ... ?
wie-viele Haltestellen (sie-)fehlen bis ...
Wie viele Stationen sind es noch bis ... ?

entrada	Eingang
salida	Ausgang
subir	einsteigen
bajar	aussteigen
subida	Einstieg *(Bus)*
bajada	Ausstieg *(Bus)*
parar	stoppen
andén	Bahnsteig / Bussteig
autobús *(m)*, **bus** *(m)*	Bus
micro *(w)*	Kleinbus
boleto	Fahrschein in der Stadt
carnet *(m)*	10 boletos für die Metro
pasaje *(m)*	Ticket
estación del metro	U-Bahn-Haltestelle
parada	Bushaltestelle
paradero-terminal	Endhaltestelle
línea	Linie
salón cama	Nachtbus mit Liegesitzen
terminal de buses	Busbahnhof
custodia	Gepäckaufbewahrung

¿Usted pasa por la Plaza de Armas?
Sie (er-/sie-)vorbeifährt durch die Platz von Waffen
Fahren Sie an der Plaza de Armas vorbei?

¡Déme diez boletos, por favor!
(er-/sie-)gebe-mir zehn Fahrkarten durch Gefallen
Geben Sie mir zehn Fahrkarten, bitte!

Überlandbusse sind in Chile die gebräuchlichste Art, um von Ort zu Ort zu gelangen. Sie sind schnell, zuverlässig und bequem und verkehren wegen der großen Entfernungen oft über Nacht. Es gibt besonders komfortable Nachtbusse, die ausschließlich mit Liegesitzen ausgestattet sind. Sie heißen salón cama und kosten fast das Doppelte des Normalpreises.

In den meisten Städten sind die Fahrkartenschalter der verschiedenen Busgesellschaften im zentralen Busbahnhof (terminal de buses) *untergebracht. Es lohnt sich auf jeden Fall, Preise zu vergleichen. Für die wichtigsten Routen sind sie an den Schaltern angeschlagen.*

¿Cuándo sale el próximo bus a Puerto Montt?
wann (er-)abfährt der nächste Bus zu Puerto Montt
Wann fährt der nächste Bus nach Puerto Montt?

¿De qué andén sale?
von was Bahnsteig (er-)abfährt
Von welchem Bussteig fährt er ab?

mit dem Taxi

Die unzähligen alten französischen Taxis, schwarz mit gelbem Dach, sind aus dem Straßenbild Santiagos nicht wegzudenken. Die Preise sind günstig, und wenn man sich nicht auf den Taxameter verlassen möchte, kann man versuchen, einen Festpreis auszuhandeln.

Daneben gibt es colectivos *(Sammeltaxis), die feste Routen befahren, an bestimmten Haltestellen halten und Einheitspreise verlangen.*

¿Cuánto me cobra para la Plaza de Armas?
wie-viel mir (er-/sie-)kassiert für die Platz v. Waffen
Was kostet es bis zur Plaza de Armas?

Es muy caro.
(es-)ist sehr teuer.
Das ist zu teuer.

Le doy ...
ihm/ihr (ich-)gebe ...
Ich gebe Ihnen ...

¡Pare aquí, por favor!
(er-/sie-)anhalte hier durch Gefallen
Halten Sie bitte hier!

¡En la esquina, por favor!
in die Ecke durch Gefallen
An der Ecke, bitte!

Aquí me quedo.
hier mich (ich-)bleibe
Hier steige ich aus.

mit dem Zug

Die Bedeutung des Schienenverkehrs geht auch in Chile immer weiter zurück. Lediglich die Strecke Santiago – Temuco wird noch regelmäßig befahren (im Sommer bis Puerto Montt, es gibt auch einen Autoreisezug), während Richtung Norden, an die Küste und nach Argentinien der Betrieb eingestellt wurde.

Außerdem gibt es von Arica und Calama Verbindungen nach La Paz / Bolivien. Letztere ist allerdings sehr unzuverlässig.

estación de ferrocarril	Bahnhof	*Station von Eisenbahn*
tren, ferrocarril	Zug, Eisenbahn	
ferrobus	Schienenbus *(Arica – La Paz)*	
vagón	Waggon	
fumador	Raucher	
no fumador	Nichtraucher	
coche comedor	Speisewagen	*Wagen Esszimmer*
coche dormitorio	Schlafwagen	*Wagen Schlafzimmer*
pasaje *(m)*	Fahrkarte	

ida y vuelta	Hin- und Rückfahrt
primera clase	erste Klasse
segunda clase	zweite Klasse
viaje *(m)*	Reise
horario	Fahrplan
salida	Abfahrt, Abreise
llegada	Ankunft
salir, **partir**	abreisen
llegar	ankommen
andén	Bahnsteig
maleta	Koffer
mochila	Rucksack
asiento	Sitzplatz
pasillo	Gang

Un pasaje de segunda clase a Temuco, ida y vuelta, por favor.
ein Fahrkarte von zweite Klasse zu Temuco Hinfahrt und Rückfahrt d. Gef.
Eine Fahrkarte zweiter Klasse hin und zurück nach Temuco, bitte.

mit dem Flugzeug

Die Preise sind im internationalen Vergleich sehr günstig.

Alle wichtigen Städte Chiles werden von den beiden chilenischen Fluggesellschaften LAN Chile und Ladeco angeflogen.

	vuelo *(***nacional** / **internacional***)*	(Inlands- / internationaler) Flug
	avión	Flugzeug
Gepäck von Hand	**equipaje** *(m)* **de mano**	Handgepäck
	despegar – **aterrizar**	starten – landen
	hacer escala	zwischenlanden
Ausgang von Notfall	**salida de emergencia**	Notausgang
	azafata	Stewardess

¿Todavía hay asientos en la ventanilla?
noch es-gibt Sitzplätze in die Fenster
Gibt es noch Fensterplätze?

El vuelo está cancelado.
Der Flug ist gestrichen.

mit dem Auto

Eigentlich benötigt man in Chile kein eigenes Fahrzeug, da fast alle Orte gut mit Bussen erreichbar sind. Südlich von Chiloé jedoch, wo die 1988 eingeweihte Carretera Austral über 1000 km an Naturreservaten und Nationalparks entlang bis Villa O'Higgins führt und damit das südliche Ende der Panamericana bildet, hat ein eigener Wagen unbestreitbare Vorteile. Einige Tipps zum Fahren selbst:

Mietwagen bekommt man in allen größeren Städten, sofern man 25 Jahre alt ist und eine Kreditkarte besitzt. Ein internationaler Führerschein ist empfehlenswert, ebenso eine Haftpflichtversicherung. Der Turistel ist ein empfehlenswerter Autoatlas mit Informationen zu Tankstellen und Unterkünften.

Vor allem die Nebenstraßen sind manchmal in schlechtem Zustand und können durch Tiere oder ungesicherte Hindernisse blockiert sein. Darum besser nicht nachts fahren!

Man sollte immer etwas Werkzeug und die wichtigsten Ersatzteile dabeihaben. Vor allem auf der Carretera Austral, die fast ausschließlich aus Schotterpiste besteht, werden zwei Ersatzreifen sowie großzügige Benzinvorräte empfohlen. In Höhenlagen steigt aufgrund der dünneren Luft der Benzinverbrauch.

In Chile herrscht absolutes Alkoholverbot am Steuer.

Um auf den Schotterpisten Patagoniens die Windschutzscheibe vor den von entgegenkommenden Fahrzeugen hochgeschleuderten Steinen zu schützen, kann man für die meisten Autotypen Drahtgitter erwerben.

Die rechtwinkligen Straßen in den Stadtzentren sind meistens Einbahnstraßen, und zwar immer abwechselnd in der einen und der anderen Richtung.

Gelbe Kantsteine in Santiago bedeuten Parkverbot. Verstöße werden rigoros geahndet, entweder mit einer Radkralle oder durch Abschleppen.

Welche Fahrzeuge in Santiago bei Smogalarm fahren dürfen, richtet sich nach der Autonummer. Die entsprechenden Listen werden in den Tageszeitungen veröffentlicht.

¿Dónde puedo arrendar un auto?
wo (ich-)kann mieten ein Auto
Wo kann ich ein Auto mieten?

¿A cuántos kilómetros está ...?
zu wie-viele Kilometer (es-)ist ...
Wie viele Kilometer sind es bis ...?

¿El seguro ya está incluido en el precio?
der Versicherung schon (er-)ist enthalten in der Preis
Ist die Versicherung schon im Preis enthalten?

coche *(m)*, **auto**	Auto
camioneta	Pick-up
remolque *(m)*	Anhänger
autopista	Autobahn
salida	Ausfahrt
carretera	Landstraße
desvío	Umleitung
peaje *(m)*	Maut, Mautstelle
tarjeta de crédito	Kreditkarte

manejar, conducir	(Auto) fahren
doblar (a la izquierda / derecha)	(nach links / rechts) abbiegen
frenar	bremsen
dar la vuelta	wenden
semáforo	Ampel
cruce *(m)*, **crucero**	Kreuzung
mal estacionado	falsch geparkt
patente *(w)*	Nummernschild
licencia (de conducir)	Führerschein
retén	Kontrollstelle der carabineros (Polizei)
multa	Strafgebühr
restricción	Fahrverbot *(bei Smog)*

Tanken

Benzin ist für unsere Verhältnisse ziemlich günstig. Selbstbedienungstankstellen gibt es nicht. Für den Tankwart ist ein kleines Trinkgeld angebracht.

Abseits der Panamericana *empfiehlt es sich immer, genügend Benzin als Reserve mitzunehmen.*

bomba, bencinera, servicentro	Tankstelle
bencina (especial)	(Super-)Benzin
diesel	Diesel
sin plomo	bleifrei
aceite *(m)*	Öl
(el) agua de radiador	Kühlwasser
cambio de aceite	Ölwechsel
presión *(w)* **de los neumáticos**	Reifendruck
nivel del aceite	Ölstand

Lleno, por favor.
voll durch Gefallen
Voll, bitte.

¿Podría hacerme un cambio de aceite, por favor?
(er-/sie-)könnte machen-mir ein Wechsel von Öl durch Gefallen
Könnten Sie bitte einen Ölwechsel machen?

¿Está bien la presión de los neumáticos?
(sie-)ist gut die Druck von die Reifen
Ist der Reifendruck in Ordnung?

Unfall / Panne

accidente *(m)* – **pana**	Unfall – Panne
taller	Werkstatt
grúa	Abschleppwagen
pieza de repuesto	Ersatzteil
arreglar	reparieren
cambiar	auswechseln
remolcar	abschleppen
ajustar – **revisar**	einstellen – überprüfen
cargar la batería	die Batterie aufladen

arranque *(m)*	Anlasser
escape *(m)*	Auspuff
batería	Batterie
freno	Bremse
caja de cambio	Getriebe
bocina	Hupe

radiador	Kühler
filtro de aire / aceite	Luft- / Ölfilter
motor	Motor
bomba (de agua / de bencina)	(Wasser- / Benzin-) Pumpe
rueda – neumático	Rad – Reifen
foco	Scheinwerfer
cinturón de seguridad	Sicherheitsgurt
válvula	Ventil
carburador	Vergaser
parabrisas *(m)*	Windschutzscheibe
bujía	Zündkerze

¿Me podría remolcar, por favor?
mich (er-/sie-)könnte abschleppen d. Gef.
Könnten Sie mich bitte abschleppen?

El coche no arranca.
der Wagen nicht (er-)anspringt
Der Wagen springt nicht an.

Los frenos no funcionan bien.
die Bremsen nicht (sie-)funktionieren gut
Die Bremsen funktionieren nicht gut.

Sale aceite del motor.
(er-)austritt Öl vom Motor
Der Motor verliert Öl.

lima	Feile
martillo	Hammer
trapo	Lappen
tornillo	Schraube
tuerca	Schraubenmutter
llave *(w)* **de tuercas**	Schraubenschlüssel
destornillador	Schraubenzieher
gato	Wagenheber
herramienta	Werkzeug
alicate *(m)*	Zange

Unterkunft

Mit einem Smartphone können Sie sich die mit einem gekennzeichneten Sätze dieses Kapitels anhören.

Möchten Sie in Chile übernachten, so finden sich hier sicher einige passende Sätze.

hotel	Hotel
hostal	einfaches Hotel
pensión, residencial	Pension
hostería	Landhotel mit Gasthof
cabaña	Ferienbungalow
tienda de campaña	Zelt
pieza sencilla	Einzelzimmer
pieza doble	Doppelzimmer
baño	Dusche und WC
ducha	Dusche
cama (matrimonial)	(Doppel-)Bett
ascensor, elevador	Fahrstuhl
patio	Innenhof
aire acondicionado	Klimaanlage
toalla	Handtuch
frazada	Decke
jabón	Seife
llave *(w)*	Schlüssel

¿Hay un hotel por aquí cerca?
es-gibt ein Hotel durch hier nah
Gibt es hier in der Nähe ein Hotel?

Necesitamos una pieza con baño por tres noches.
(wir-)brauchen eine Teil mit Bad durch drei Nächte
Wir brauchen ein Zimmer mit Bad für drei Nächte.

¿Le queda un cuarto libre?
ihm/ihr (er-)bleibt ein Zimmer frei
Haben Sie noch ein Zimmer?

¿Tiene un cuarto libre?
(er-/sie-)besitzt ein Zimmer frei
Haben Sie noch ein Zimmer?

¿Puedo verlo?
(ich-)kann sehen-es
Kann ich es mir ansehen?

¿Hay agua caliente?
es-gibt Wasser warm
Gibt es warmes Wasser?

Me gusta el cuarto.
mir (er-)gefällt der Zimmer
Mir gefällt das Zimmer.

Me quedo con él.
mich (ich-)bleibe mit er
Ich nehme es.

Me gustaría más un cuarto que da al patio.
mir (er-)würde-gefallen mehr ein Zimmer dass (er-)gibt zum Hof
Ich hätte lieber ein Zimmer zum Hof.

¿Podemos quedarnos una noche más?
(wir-)können bleiben-uns eine Nacht mehr
Können wir noch eine Nacht länger bleiben?

Essen & Trinken

Hier folgen nun einige nützliche Sätze und Grundbegriffe rund um das Thema Essen und Trinken.

chilenische Spezialitäten

ajiaco	Fleischeintopf mit Kartoffeln, Ei und ají
cazuela	aufwändig zubereitete Gemüsesuppe mit Huhn (de ave) oder Rind (de vaca) und Reiseinlage
cebiche / ceviche *(m)*	kaltes Gericht aus rohen, in Limettensaft eingelegten Fischstücken, Zwiebeln, und frischem Koriander (wird durch die Säure kalt gegart)
curanto	Eintopf mit verschiedenen Muschel-, Fisch- und Fleischsorten sowie Teigeinlage
chupe / chupín	Krebs- (z. B. de jaiva) oder Fischfleisch (z. B. de congrio), mit Muscheln und Gemüse zu einem Brei weichgekocht
empanadas	gefüllte Teigtaschen mit pino (s. unten), Käse (de queso), Muscheln (de mariscos) oder Fleisch (de carne)
ensalada chilena	Salat aus Tomaten, Zwiebeln und Knoblauch
ensalada de apio	Stangensellerie mit Avocadostreifen
humitas	süßer Maisbrei, in Maisblätter gewickelt und gedämpft
longaniza	luftgetrocknete Wurst aus Schweinefleisch und verschiedenen Gewürzen
mote con huesillos	getrocknete Pfirsiche mit Graupen in Pfirsichsaft
paila marina	Suppe aus Fisch und Meeresfrüchten, eine Art Bouillabaisse

palta a la reina	Avocadohälfte, gefüllt mit Hühnchen-Mayonnaise-Paste
pan de Pascua	kräftig gewürzter Weihnachtskuchen
pastel de choclo	Auflauf mit pino, Hühnerkeulen, Kartoffelbrei und gezuckertem Maismus
pebre *(m)*	Paste aus Tomaten, Zwiebeln, Chili und Koriander
pino	süßsaure Mischung aus Hackfleisch, Zwiebeln, Rosinen, Oliven und hartgekochten Eiern, in der Pfanne angebraten

im Restaurant

In Chile wird ausgiebig zu Mittag gegessen, gewöhnlich zwischen 13 und 15 Uhr. Fast alle Restaurants bieten um diese Zeit ein preiswertes Menü (colación, menú del día) an, das meist aus einer Suppe (Gemüse- oder Nudelsuppe), einem Stück gegrillten Rindfleisch mit Reis und Salat, einem Nachtisch (Pudding oder Eis) und einem Kaffee besteht. Später am Nachmittag (etwa 17 bis 18 Uhr) folgt die once, eine Art Nachmittagskaffee, zu der pan amasado (feste Weißmehlbrötchen), Schinken, Käse, Avocado und irgendeine Süß-speise serviert werden. Das Abendbrot (cena) findet etwa ab 21 Uhr statt und besteht meist ebenfalls aus mehreren Gängen.

Als Trinkgeld (propina) *lässt man 10 bis 15 % des Rechnungsbetrages auf dem kleinen Tellerchen liegen, auf dem man das Wechselgeld bekommen hat.*

Sehr gute und preiswerte almuerzos bekommt man in den vielen cocinerías (Garküchen) der Markthallen. Möchte man hier zu seinem Fischgericht Weißwein trinken, so bestellt man té frío (kalten Tee) und bekommt seinen Wein dann in einer Tasse serviert.

Der Alkoholausschank ist dort nämlich nicht erlaubt.

restaurante (vegetariano)	(vegetarisches) Restaurant	**cubierto**	Gedeck
picada	einfaches Restaurant	**plato**	Teller
marisquería	Fischrestaurant	**vaso**	Glas
carta	Speisekarte	**copa**	Weinglas
comida	Essen, Gericht	**taza**	Tasse
bebida	Getränk	**cuchillo**	Messer
desayuno	Frühstück	**cuchara**	Löffel
almuerzo	Mittagessen	**tenedor**	Gabel
once *(w)*	Nachmittagsimbiss	**servilleta**	Serviette
cena	Abendessen		

¡Garzón / Garzona, por favor!
Kellner / Kellnerin durch Gefallen
Ober / Fräulein, bitte!

¿Está ocupada / libre esta mesa / silla?
(sie-)ist besetzt / frei diese Tisch / Stuhl
Ist dieser Tisch / Stuhl besetzt / frei?

¡Quisiera reservar una mesa para las siete!
(ich-)würde-wollen reservieren eine Tisch für die sieben
Ich würde gerne einen Tisch für sieben Uhr reservieren.

Bestellen

¡La carta, por favor!
die Karte durch Gefallen
Die Speisekarte, bitte!

¿Qué hay como colación?
was es-gibt als Mittagessen
Was gibt es zum Mittag?

¿Qué nos recomienda?
was uns (er-/sie-)empfiehlt
Was empfehlen Sie uns?

¿Es muy picante?
(es-)ist sehr scharf
Ist es scharf?

¡Por favor, falta un cuchillo!
durch Gefallen (er-)fehlt ein Messer
Entschuldigung, es fehlt ein Messer!

¡Buen provecho!
guter Profit
Guten Appetit!

Bezahlen

¡La cuenta, por favor!
Die Rechnung, bitte!

¡Pagamos por separado, por favor!
(wir-)zahlen durch getrennt durch Gefallen
Wir zahlen getrennt, bitte.

¡Todo junto, por favor!
alles zusammen durch Gefallen
Zusammen, bitte!

¡Me parece que aquí hay un error!
mir (es-)erscheint dass hier es-gibt ein Fehler
Ich glaube, hier stimmt etwas nicht! *... an der Rechnung*

¡Eso no lo he pedido!
das-da nicht es (ich-)habe bestellt
Das habe ich nicht bestellt!

¡Está bien!
(es-)ist gut(Umst.)
Stimmt so! *beim Trinkgeld*

aus der Speisekarte

caldo, consomé	Brühe	**cocido**	gekocht
sopa	Suppe	**al horno**	gebacken
sopa de fideos	Nudelsuppe	**a lo pobre**	mit Spiegelei
sopa de lentejas	Linsensuppe	**asado**	gegrillt
huevo	Ei	**bien pasado**	gut durchgebraten
ensalada	Salat	**frito**	frittiert
entrada	Vorspeise	**al pil-pil**	in Olivenöl mit Knoblauch und ají
segundo plato	Hauptgericht		gebraten

Fleisch			
bife, bistec *(m)*	Beefsteak	**chuleta**	Kotelett
carne *(w)*	Fleisch	**anticucho**	Fleischspieß
carne de carnero	Lammfleisch	**guatitas**	Innereien
carne de cerdo	Schweinefleisch	**guisado**	Schmorbraten
carne de cordero	Hammelfleisch	**milanesa, escalopa**	Schnitzel
carne de ternera	Kalbfleisch	**pato**	Ente
carne de vacuno	Rindfleisch	**pavo**	Truthahn
carne molida, posta	Hackfleisch	**pollo**	Huhn

Fisch			
albacora	Weißer Thunfisch	**jurel**	Stöcker
anchoa	Sardelle	**lenguado**	Seezunge
angula	Glasaal *(junger Aal)*	**merluza**	Seehecht
atún	Thunfisch	**pejerrey**	Königsfisch
bacalao	Kabeljau, Stockfisch	**pescado**	Fisch *(als Gericht)*
bonito	Thunfischart	**pez espada**	Schwertfisch
calamares	Tintenfische	**robalo**	Seebarsch

cazón	eine Störart	**salmón**	Lachs
congrio	Seeaal	**sardina**	Sardine
corvina	Umberfisch	**trucha**	Forelle

Meeresfrüchte			
almeja	Muschel	**langosta**	Languste
camarón	Garnele	**loco**	chilen. Seeohr
centolla	Königskrabbe	**macha**	Zungenmuschel
cochayuyo	essbare Algenart	**mariscos**	Meeresfrüchte
cholga	Pfahlmuschel	**mejillón**	Pfahlmuschel
choro	Miesmuschel	**ostión**	Kammmuschel
choro zapato	Riesenmiesmuschel	**ostra**	Auster
erizo	Seeigel	**picoroco**	Seepocke
gamba	Riesengarnele, Gamba	**piure**	Seescheide
jaiba / jaiva	Krabbe		

Nachtisch	
brazo de reina	Biskuitrolle mit Erdbeercreme gefüllt
carlota rusa	Sahnecreme zwischen Löffelbiskuit und Baiser
ensalada de frutas	Obstsalat
flan	Karamelpudding
helado	Speiseeis
kuchen	Kuchen
manjar	Karamelcreme
membrillo	Quittengelee
pastel	Törtchen
picarones	frittierte süße Kartoffelbreiklößchen
postre *(m)*	Nachtisch
queque *(m)*	trockener Kuchen
queso	Käse
suspiro de monja	Windbeutel

torta	Torte
torta milhojas	Blätterteig und manjar in vielen dünnen Schichten

Gewürze			
aceite *(m)*	Öl	**pimienta**	Pfeffer
ají *(m)*	rote Chilischote bzw. darauf basierende Sauce	**sal** *(w)*	Salz
cilantro	Koriander	**salsa golf**	Sauce aus Ketchup und Mayonnaise
mostaza	Senf	**vinagre** *(m)*	Essig

Gemüse			
alcachofa	Artischocke	**choclo**	Mais
ajo	Knoblauch	**lechuga**	Kopfsalat
apio	Stangensellerie	**palta**	Avocado
arroz *(m)*	Reis	**papa**	Kartoffel
arvejas	Erbsen	**porotos**	grüne Bohnen
cebolla	Zwiebel	**tomate** *(m)*	Tomate
coliflor *(w)*	Blumenkohl	**verduras** *(Mz)*	Gemüse

Übrigens: Der barros jarpa *heißt nach einem chilenischen Außenminister in den 1930er Jahren, und der* barros luco *wurde nach einem chilenischen Präsidenten der 1910er Jahre benannt, weil diese sie angeblich so gerne verspeisten.*

Snacks & Imbisse

In den meisten chilenischen Cafés sowie an Straßenständen werden üppig belegte und sehr leckere Sandwiches angeboten. Glücklicherweise hat sich diese Kultur bisher erfolgreich gegen die Invasion US-amerikanischer Einheitsburger wehren können.

fuente de soda	Schnellimbiss
completo	Hot Dog mit Avocado und Sauerkraut
barros jarpa	Sandwich mit Schinken und Käse
barros luco	Sandwich mit Rindfleisch, Tomate und Käse
chacarero	Sandwich mit Rindfleisch, Tomate und grünen Bohnen
churrasco	Sandwich mit Rindfleisch
lomito	Sandwich mit Schweinefleisch
empanada	gefüllte Teigtasche
papas fritas	Pommes frites
sopaipillas	frittierte Kürbis-Hefeteig-Scheiben, wahlweise mit Senf oder ají-Sauce, nur an Straßenständen

chicle	Kaugummi
maní confitado	gebrannte Erdnüsse
cabritas, palomitas	Popcorn
galletas	Salzcracker
alfajores	zwei Schichten Biskuitgebäck, dazwischen eine Schicht Karamel
sapitos	Schokoladenfrösche
suelas	dünner Blätterteig mit Zuckerschicht

Bei fliegenden Süßwarenhändlern an farbenfrohen Ständen bekommt man nebenstehende Dinge und vieles andere mehr

Getränke

Unbehandeltes Leitungswasser sollte man nicht zu sich nehmen. Stattdessen sollte man lieber agua purificada (gefiltertes Wasser) oder gleich Mineralwasser trinken.

¡Una botella de agua mineral, por favor!
eine Flasche von Wasser mineralisch durch Gefallen
Eine Flasche Mineralwassser, bitte!

¡Salud!
Gesundheit
Prost!

¿Por favor, tiene jugo de naranja?
durch Gefallen (er-/sie-)besitzt Saft von Orange
Entschuldigung, haben Sie Orangensaft?

¡Otra cerveza!
andere Bier
Noch ein Bier!

nicht-alkoholische Getränke	
bebida	Getränk
(el) agua mineral *(w)*	Mineralwasser
... con / sin gaz	mit / ohne Kohlensäure
refresco	Erfrischungsgetränk
coca cola	Coca Cola (Achtung: cola allein heißt „*Schwanz*"!)
café *(m)*	Kaffee *(in der Regel löslicher)*
café café *(m)*	Bohnenkaffee
café exprés	Espresso
café sin azúcar	Kaffee ohne Zucker
café con leche	Milchkaffee
cortado	Kaffee mit wenig Milch, im Glas serviert
té *(m)*	schwarzer Tee
agüita *(m)*	Kräutertee

Besonders nach dem Essen trinkt man gerne eine agüita („Wässerchen"). Die beliebtesten Sorten sind agüita de manzanilla (Kamillentee), de menta (Pfefferminztee), de mate (Matetee) sowie de cedrón, de maitén und de boldo (alle bei uns unbekannt). Der Boldo-Pflanze wird eine leberheilende Wirkung nachgesagt. Der cedrón heißt auf Deutsch Zitronenverbene und schmeckt ähnlich wie Zitronengras.

alkoholische Getränke			
aguardiente	alle Arten von Schnaps *(brennendes Wasser)*	**chop**	Bier vom Fass
aperitivo	Aperitif	**cóctel**	Cocktail
bajativo	Digestif	**trago largo**	Longdrink
anís *(m)*	Anisschnaps	**ginebra**	Gin
brandy *(m)*	Weinbrand	**ron**	Rum
cerveza clara	helles Bier	**vino blanco**	Weißwein
cerveza oscura	dunkles Bier	**vino tinto**	Rotwein

chilenische Umgangssprache zum Thema Alkohol und Drogen	
emborracharse, **curarse**	sich besaufen
borracho, **curado**, **cocido**, **raja**	besoffen
andar con la mona, **tener la caña mala**	einen Kater haben
yerba	Marihuana, Gras
pito	Joint
volado	high

chilenische Spezialitäten	
chicha	halbvergorener Apfelmost
pisco	Traubenschnaps
pisco sour	Aperitif aus Pisco, Zitronensaft und Zucker
pichuncho	Pisco mit rotem Wermut
piscola	Pisco mit Cola
La Serena libre	Pisco mit Papayasaft
borgoña	Aperitif aus Weißwein mit Chirimoya bzw. Erdbeeren
cola de mono	Aperitif aus Milch, Weinbrand, Kaffee, Eigelb, Zucker und Gewürzen, wird zu Weihnachten getrunken
vaina	Aperitif aus Portwein, Cognac, Eigelb, Kakao, Zimt und Zucker
licor de oro	„Goldlikör“, Spezialität von Chiloé
vino pipeño	Federweißer
vino navegado	Glühwein
pajarete	Dessertwein

Einkaufen

Auf Märkten usw. wird längst nicht so exzessiv gehandelt wie in anderen lateinamerikanischen Ländern. Auch in den kleinsten Läden erhält man immer eine boleta *(Kaufquittung).*

Die Ladenschlusszeiten werden in Chile sehr viel flexibler gehandhabt als bei uns. So haben beispielsweise die meisten Supermärkte bis spät abends geöffnet, und das auch sonntags. Andererseits haben vor allem kleinere Läden während der mittäglichen siesta geschlossen.

¿Dónde puedo comprar ... ?
wo (ich-)kann kaufen ...
Wo bekomme ich ... ?

No más estoy mirando, gracias.
nicht mehr (ich-)bin sehend Danke
Ich schaue mich nur etwas um, danke.

¿Cuánto vale esto? *oder:* **¿Cuánto cuesta esto?**
wie-viel (es-)kostet das
Wie viel kostet das?

Es muy caro.
(es-)ist sehr teuer
Das ist zu teuer.

¿No tiene algo más barato?
nicht (er-/sie-)besitzt etwas mehr billig
Haben Sie nicht etwas Billigeres?

Le doy ...
ihm/ihr (ich-)gebe ...
Ich gebe Ihnen ...

¿Ya están maduras las chirimoyas?
schon (sie-)sind reif die Chirimoyas
Sind die Chirimoyas schon reif?

¡Déme medio kilo de frutillas, por favor!
(er-/sie-)gebe-mir halbes Kilo von Erdbeeren durch Gefallen
Geben Sie mir ein Pfund Erdbeeren, bitte!

manzana	Apfel	**zapallo**	Kürbis
piña	Ananas	**tuna**	Kaktusfeige
damasco	Aprikose	**guinda**	Kirsche
plátano	Banane	**limón**	Limone
pera	Birne	**mango**	Mango
frutilla	Erdbeere	**naranja**	Orange
maní *(m)*	Erdnüsse	**papaya**	Papaya
higo	Feige	**durazno**	Pfirsich
pomelo	Grapefruit	**ciruela**	Pflaume
guayaba	Guave	**tamarindo**	Tamarinde
frambuesa	Himbeere	**uvas** *(Mz)*	Trauben
melón	Honigmelone	**sandía**	Wassermelone

Für zwei typisch chilenische Früchte – chirimoya *und* lúcuma *– gibt es keine deutschen Bezeichnungen. Man sollte diese unbedingt probieren, insbesondere in Form von Speiseeis!*

abarrotes *(m Mz)*	Lebensmittel
harina	Mehl
leche *(w)*	Milch
pan	Brot
hallulla, marraqueta	Brötchensorten
mantequilla	Butter
queso	Käse
salchicha	Wurst

Mit einem Smartphone können Sie sich die mit einem gekennzeichneten Sätze dieses Kapitels anhören.

tienda, negócio	Geschäft
boliche *(m)*	kleiner Krämerladen
supermercado	Supermarkt
almacén	Kaufhaus
centro comercial	Shopping Center
mercado	Markt(halle)
feria	Straßenmarkt
mercado persa	ständiger Markt für Gebrauchsgüter

Einkaufen

comprar – vender	kaufen – verkaufen
abierto – cerrado	offen – geschlossen
caro – barato	teuer – billig
necesitar	brauchen, benötigen
agotado	ausverkauft
precio	Preis
IVA *(m)*	Mehrwertsteuer
descuento, **rebaja**	Rabatt
liquidación	Schlussverkauf
hecho a mano	handgearbeitet

IVA = impuesto al valor agregado

Die Bezeichnungen für spezialisierte Geschäfte setzen sich im Wesentlichen aus dem Wort für die jeweilige Ware und der Endung -ería *zusammen:* libro *(Buch)* – librería *(Buchladen).*

carnicería	Metzgerei
ferretería	Eisenwarenhandlung
panadería	Bäckerei
papelería	Schreibwarenladen
zapatería	Schuhgeschäft

Kleidung			
terno	Anzug	**vestido**	Kleid
zapatillas de baño	Badelatschen	**ropa**	Kleidung
sostén	Büstenhalter	**poncho**	Poncho
blusa	Bluse	**chomba**	Pullover
camisa	Hemd	**falda**	Rock
pantalón	Hose	**zapatos** *(Mz)*	Schuhe
sombrero	Hut	**calzón**	Damenslip
chaqueta	Jacket	**calzoncillo**	Herrenslip
medias *(Mz)*	Damenstrümpfe	**calcetines** *(m Mz)*	Socken
		polera	T-Shirt
panty *(m)*	Nylonstrumpfhose	**zapatillas** *(m Mz)*	Turnschuhe

algodón	Baumwolle	**lana**	Wolle
alpaca	Alpacawolle	**cuero**	Leder
seda	Seide	**lino**	Leinen

probar	anprobieren	**muy grande** / **chico**	zu groß / klein
tamaño	Größe	**muy largo** / **corto**	zu lang / kurz

Kunsthandwerk	
artesanía	Kunsthandwerk
pedrería	Edel- u. Halbedelsteine
cestería	Korbwaren
objetos de oro	Goldwaren
objetos de plata	Silberwaren
objetos de cobre	Kupferwaren
objetos de latón	Messingwaren
objetos de cuero	Lederwaren
vidrio soplado	mundgeblasenes Glas
labrados de madera	Holzschnitzereien
pulsera	Armband
cadena	Halskette
aros *(Mz.)*	Ohrringe
anillo	Ring

Sehr beliebt ist Silberschmuck mit lapislázuli, *einem blauen Halbedelstein, der außer in Chile nur noch in Afghanistan vorkommt.*

Sonstiges			
pila	Batterie	**pegamento**	Klebstoff
compact *(m)*	CD	**sacacorchos**	Korkenzieher
abrelatas *(m)*	Dosenöffner	**mosquitero**	Moskitonetz
destapador	Flaschenöffner	**disco**	Schallplatte
hamaca	Hängematte	**fósforos** *(Mz)*	Streichhölzer
vela	Kerze	**navaja**	Taschenmesser
scotch *(m)*	Klebeband	**cigarillos** *(Mz)*	Zigaretten

Hygieneartikel	
crema / loción	Creme / Lotion
venda	Binde, Verband
toalla sanitaria	Damenbinde
desodorante (en barra)	Deo(stift)
toalla	Handtuch
repelente *(m)*	Insektenschutzmittel
peine *(m)* – **cepillo**	Kamm – Bürste
condón, preservativo	Kondom
lima	Nagelfeile
perfume *(m)*	Parfum
pinzas *(Mz)*	Pinzette
hoja de afeitar	Rasierklinge
espuma de afeitar	Rasierschaum
jabón de afeitar	Rasierseife
tijera	Schere
jabón	Seife
champú *(m)*	Shampoo
tampón	Tampon
pañuelo	Taschentuch
papel confort	Toilettenpapier
detergente *(m)*	Waschpulver
algodón	Watte
pañal	Windel
cepillo de dientes	Zahnbürste
pasta de dientes	Zahnpasta

Die Mapuche

Fast alle Völker, die zur Zeit der Ankunft der Spanier das Gebiet des heutigen Chile bewohnten, fielen Zwangsarbeit, Seuchen und regelrechten Völkermorden (traurigstes Beispiel: die Ona Feuerlands, für deren Ausrottung Kopfprämien gezahlt wurden) zum Opfer. Abgesehen von den Aymara, deren Siedlungsgebiet erst mit dem Salpeterkrieg an Chile fiel, sind die Mapuche, das Kernvolk der Araukaner, die einzige ethnische Gruppe, die die Kolonialzeit überlebt hat. Die Mapuche, deren aus ihrer Sprache mapudungun stammender Name etwa „Leute der Erde" bedeutet, widersetzten sich über drei Jahrhunderte lang erfolgreich den spanischen Eroberern, wobei ihnen ihre dezentrale, großfamilienorientierte Organisationsstruktur zugute kam: Anders als bei den Inka genügte nicht der Sturz eines obersten Herrschers, um das gesamte Volk zu unterwerfen. Die Bezeichnung frontera (Grenze) für das Gebiet südlich des Flusses Bío-Bío hat sich bis heute erhalten, die Mapucheführer Caupolicán und Lautaro gingen als Legenden in die Geschichte ein.

Erst gegen Ende des 19. Jahrhunderts gelang es, den Widerstand der Araukaner zu zerschlagen, woraufhin ihr Land innerhalb kürzester Zeit vor allem an Einwanderer verteilt wurde.

Die Mapuche selbst wurden auf einem Bruchteil ihres ehemaligen Gebietes in sogenannten reducciones indígenas *zusammengedrängt, wo sie in runden Hütten* (rucas) *vorwiegend von Ackerbau, Kleinviehzucht und Kunsthandwerk leben.*

Ein großes Problem stellt allerdings die Abwanderung junger Mapuche in die Städte dar. Seit dem Ende der Diktatur machen die Mapuche-Organisationen wieder verstärkt durch Landbesetzungen und sonstige medienwirksame Aktionen auf ihre Probleme aufmerksam.

Obwohl die Militärdiktatur die Lebensbedingungen der Mapuche noch weiter verschlechterte und 1979 ihren gemeinschaftlichen Landbesitz auflöste, haben die etwa 400.000 Mapuche im Gebiet um Temuco ihre naturverbundene Kultur und Gebräuche weitgehend bewahren können.

ruca	traditionelle Hütte der Mapuche
Ngenechen	oberste Gottheit mit männlichen und weiblichen Eigenschaften
machi *(w)*	Schamane, Heilerin *(meist Frauen)*
machitún	magische Heilung
guillatún	rituelles Fest der Mapuche
kultrun	rituelle Trommel
reducción indígena	Mapuche-Reservat
toma	Landbesetzung

Ämter & Behörden

Für einen leider manchmal unvermeidlichen Behördengang muss man in Chile etwas Zeit einkalkulieren, auch wenn es geordneter abläuft als in anderen lateinamerikanischen Ländern. Höfliches, etwas förmliches Auftreten wird sehr geschätzt.

aduana	Zoll(amt)
embajada	Botschaft
oficina	Büro
declaración	(Zoll-)Erklärung
pasaporte *(m)*	Reisepass
tarjeta de turismo	Touristenkarte
fecha de nacimiento	Geburtsdatum
nacionalidad	Staatsangehörigkeit
firmar	unterschreiben

Usted tiene que llenar este formulario.
Sie (er-/sie-)besitzt dass füllen dieser Formular
Sie müssen dieses Formular ausfüllen!

¡Firme aquí, por favor!
(er-/sie-)unterschreibe hier durch Gefallen
Unterschreiben Sie bitte hier!

bei der Polizei

los carabineros	Polizei	**arma**	Waffe
denuncia	Anzeige	**pistola**	Pistole
seguro	Versicherung	**cuchillo**	Messer
ladrón	Dieb	**robar**	rauben
asalto	Überfall	**amenazar**	bedrohen
robo	Raub		

Por favor, quisiera hacer una denuncia.
d. Gefallen (ich-)würde wollen machen eine Anzeige
Ich möchte Anzeige erstatten.

Fui asaltado.
(ich-)war überfallen
Ich bin überfallen worden.

Me robaron la mochila.
mir (sie-)raubten die Rucksack
Man hat mir den Rucksack geraubt.

Umgangssprachliche Ausdrücke zum Thema Polizei

paco, tortuga, ninja	„Bulle“
cuca	Streifenwagen
guanaco	Wasserwerfer
zorillo	Panzerwagen

Militär & Staat

FF.AA. = Fuerzas Armadas
DINA = Dirección de Inteligencia Nacional
CNI = Central Nacional de Informaciones
UP = Unidad Popular

golpe militar	Militärputsch
dictadura	Diktatur
junta	Junta
pinochetista	Anhänger Pinochets
toque de queda	Ausgangssperre
paro	Streik, Demo
desaparecido	Verschwundener
exiliado	im Exil lebend
tortura	Folter
ejército	Armee
FF.AA.	Streitkräfte
DINA	Geheimpolizei *(bis 1977)*
CNI	Geheimpolizei *(seit 1977)*
UP	Linksparteienkoalition Salvador Allendes

Militärdiktatur & Rückkehr zur Demokratie

Mit dem von der CIA unterstützten Militärputsch am 11. September 1973 war nicht nur die dreijährige Amtszeit Salvador Allendes, sondern auch eine für lateinamerikanische

Verhältnisse ungewöhnlich lange und offene demokratische Tradition beendet. In den Folgejahren herrschte ein für seine Bestialität und Menschenverachtung in der ganzen Welt verabscheutes Militärregime unter Augusto Pinochet. Vor allem in den ersten Jahren der Diktatur wurden Tausende von Chilenen verhaftet, in Konzentrationslager verschleppt, gefoltert und ermordet. Zehntausende mussten ihr Land verlassen und gingen ins Exil. Allende selbst kam während des Bombardements des Palacio de la Moneda ums Leben und wird heute von vielen Chilenen als Symbolfigur verehrt.

Trotz des Terrors der Diktatur erlangte Pinochet eine beachtliche Popularität, vor allem weil die Reprivatisierung der unter Allende und dessen christdemokratischem Vorgänger Frei nationalisierten Industrie- und landwirtschaftlichen Betriebe (und das damit verbundene Wohlwollen der Industrienationen) dem Land ein enormes Wirtschaftswachstum bescherte. Auch ging die Kriminalität aufgrund der nächtlichen Ausgangssperre drastisch zurück. Als jedoch Mitte der 1980er Jahre Auslandsverschuldung und Arbeitslosigkeit rapide anstiegen, die soziale Schere immer weiter auseinanderklaffte und die erstarkende politische Opposition nur durch erneute Repression unterdrückt werden konnte, war Pinochet gezwungen, nach einem verlorenen Plebiszit am 5. Oktober 1988 erstmals wieder freie Wahlen durchzuführen. Aus diesen ging

Eine von Patricio Aylwin eingesetzte Kommision deckte über 2000 Morde unter der Diktatur auf. Die Bestrafung der Verantwortlichen scheiterte jedoch fast immer an den von den Militärs 1978 selbst erlassenen Amnestiegesetzen. Eine weitere Kommission während der Präsidentschaft von Ricardo Lagos beschäftigte sich mit der Folter unter der Diktatur. Heute herrscht in Chile ein wesentlich offeneres gesellschaftliches Klima, die wiedererlangten demokratischen Grundrechte wie Meinungs- und Versammlungsfreiheit werden ausgiebig genutzt. Seit 2011 kommt es immer wieder zu Schüler- und Studentenprotesten gegen die strikt neoliberale Bildungspolitik des Landes.

ein Jahr später der Christdemokrat Patricio Aylwin als Sieger hervor, der sich vor der äußerst schwierigen Aufgabe sah, Chile zur Demokratie zurückzuführen, ohne dabei die nach wie vor mächtigen Militärs zu verärgern.

Pinochet trat schließlich 1998 als Oberbefehlshaber zurück, wurde in London verhaftet und kehrte 2000 nach Chile zurück. Unter der Präsidentschaft des Sozialisten Ricardo Lagos wurde ein Strafprozess gegen ihn angestrengt, er wurde aber schließlich für verhandlungsunfähig erklärt. Lagos gelang aber 2005 eine umfassende Verfassungsreform. Erst seitdem ist Chile endgültig wieder eine Demokratie.

Bank, Post & Telefon & Internet

Die chilenische Landeswährung ist der peso ($).

Bank

Bargeld (Euro, Dollar) tauscht man am einfachsten in Wechselstuben, da hier die Wechselkurse und Öffnungszeiten besser sind. Für das Abheben von Bargeld benötigen Sie eine EC- bzw. MAESTRO-Karte (mit Geheimzahl). Geldautomaten (cajero automático) gibt es im ganzen Land. Pro Tag können bis zu 200.000 Pesos abgehoben werden. In besseren Hotels, Restaurants, Geschäften, Tankstellen usw. kann mit Kreditkarten (VISA, MasterCard) bezahlt werden. Autovermieter verlangen oft eine Kreditkarte als Garantie.

dinero	Geld	**en efectivo**	bar
banco	Bank	**tarjeta de crédito**	Kreditkarte
casa de cambio	Wechselstube	**billete** *(m)*	Banknote
caja	Kasse	**sencillo**	Kleingeld
ventanilla	Schalter	**moneda**	Münze, Währung

Währungen	
euro	Euro
franco suizo	Schweizer Franken
dólar	US-Dollar

¿Cómo es el cambio del dólar, por favor?
wie (er-)ist der Wechsel vom Dollar durch Gefallen
Wie ist der Dollarkurs, bitte?

¿Puedo pagar con tarjeta?
(ich-)kann bezahlen mit Karte
Kann ich mit Kreditkarte bezahlen?

plata *(Silber)*	Geld, Kohle
una luca	1000 Pesos
una gamba	100 Pesos

Umgangssprachliche Bezeichnungen zum Thema Geld

Post

Briefe oder Postkarten gibt man im Postamt ab. Nur dort (am Schalter) gibt es auf Nachfrage Briefmarken (**estampilas**). Briefkästen sind nicht üblich. Briefe nach Europa brauchen bis zu 10 Tage, Pakete deutlich länger. Pakete und Briefe nach Europa sind nur per Luftpost möglich, Pakete sind sehr teuer.

¿Cuánto vale esta carta para Austria?
wie-viel (sie-)kostet diese Brief für Österreich
Was kostet dieser Brief nach Österreich?

Déme diez estampillas de cien pesos, por favor.
(er-/sie-)gebe-mir zehn Briefmarken von 100 Pesos durch Gefallen
Geben Sie mir bitte zehn Briefmarken zu 100 Pesos.

remitente *(m)*	Absender	**paquete** *(m)*	Paket
carta	Brief *(!)*	**porte** *(m)*	Porto
sello, estampilla	Briefmarke	**correo**	Post(amt)
sobre *(m)*	Briefumschlag	**postal**	Postkarte
carta exprés	Eilbrief	**poste restante**	postlagernd
carta certificada	Einschreiben	**mandar, enviar**	(ab)schicken
correo aéreo	Luftpost	**telegrama** *(m)*	Telegramm

¿Hay correo para mí?
es-gibt Post für mich
Ist Post für mich da?

Telefonieren

ENTEL = Empresa Nacional de Telecomunicación

CTC = Compañía de Teléfonos de Chile

Chilenen melden sich am Telefon mit ¡Aló!.

In Chile wird das Telefon-Festnetz von den Telefongesellschaften ENTEL und CTC betrieben und hat nichts mit der Post zu tun. Auslandsgespräche können extrem teuer werden. Mit Hilfe einer Calling Card (tarjeta prepago) kann man von jedem Anschluss Auslandsgespräche führen (ohne eine solche Karte ist das von öffentlichen Telefonen teils nicht möglich). Das Handy (celular) ist in Chile sehr weit verbreitet, man benötigt aber als Europäer ein Triband-Gerät.

teléfono, fono	Telefon
red fija	Festnetz
guía telefónica	Telefonbuch
sección amarilla	„Gelbe Seiten“
teléfono público	Telefonzelle
tarjeta telefónica	Telefonkarte (Calling Card)
celular	Mobiltelefon
tarjeta SIM	Sim-Karte
tarjeta prepago	Prepaid-Karte
llamar (por teléfono)/	telefonieren,
marcar	wählen
llamada	Anruf
código de área	Vorwahl
ocupado	besetzt
equivocado *(geirrt)*	falsch verbunden

¿Me permite hacer una llamada, por favor?
mir (er-/sie-)erlaubt machen eine Anruf d. Gefallen
Dürfte ich bitte mal telefonieren?

¿Cuánto vale una llamada de tres minutos a Alemania?
wie-viel (sie-)kostet eine Anruf von drei Minuten zu Deutschland
Was kostet ein dreiminütiger Anruf nach Deutschland?

¿De parte de quién?
von Seite von wer
Wer spricht da?

Aquí María.
hier Maria
Hier spricht Maria.

¿Con quién hablo?
mit wer (ich-)spreche
Mit wem spreche ich?

Disculpe, ¿está Pedro?
(er-/sie)entschuldige (er-)ist Peter
Entschuldigung, ist Peter da?

¿Podría dejarle un recado, por favor?
(er-/sie-)könnte lassen-ihm/ihr ein Nachricht d. Gef.
Würden Sie ihm / ihr bitte eine Nachricht hinterlassen?

¿Dónde puedo comprar una tarjeta prepago sin celular?
wo (ich-)kann kaufen eine Karte Vorbezahlung ohne Handy
Wo kann ich eine Prepaid-Karte ohne Handy kaufen?

¿Dónde y cómo puedo recargar mi crédito?
wo und wie (ich-)kann wiederaufladen mein Guthaben
Wo und wie kann ich mein Konto wieder aufladen?

¿Tienes celular?¿
(du-)besitzt Handy
Hast du ein Handy?

Cuál es tu / su número?
welcher (es-)ist dein / sein/ihr Nummer
Welche Nummer hast du / haben Sie?

¿Cuál es tu / su dirección de e-mail?
welche (sie-)ist deine / seine/ihre Adresse von E-Mail
Welche Email-Adresse hast du / haben Sie?

Internet

In allen größeren Städten gibt es Internetcafés, deren Tarife stündlich oder halbstündlich ausgerichtet sind. Surfen ist günstiger als in Deutschland, wenn auch manchmal etwas langsamer.

línea	Leitung
café /cabina de internet *Café/Kabine von Internet*	Internet Café / -kabine
e-mail / correo electrónico	E-Mail
imprimir	(aus)drucken
página	Seite

error	Fehler
página web	Webseite *Seite Web*
llamar por internet	per Internet anrufen *rufen durch Internet*
Wifi	W-Lan
usuario	Benutzer
contraseña	Passwort

¿Dónde hay un café internet / unas cabinas internet por aquí ?
wo es-gibt ein Café Internet / einige Kabinen Internet durch hier
Wo finde ich hier ein Internet Café?

¿Cuánto cuesta media hora / una hora en internet?
wie-viel (es-)kostet halbe Stunde / eine Stunde in Internet
Was kosten 30/60 Minuten Internet?

¿Puede usted ayudarme en iniciar la sesión?
(er/sie-)kann Sie helfen-mir in beginnen die Sitzung
Können Sie mir bei der Anmeldung helfen?

Quiero navegar en internet.
ich-)will navigieren in Internet
Ich möchte im Internet surfen.

No se puede abrir esta página.
nicht sich (sie-)kann öffnen diese Seite
Diese Seite lässt sich nicht öffnen.

Quiero revisar / enviar mi e-mail.
(ich-)will abrufen / versenden mein – E-Mail
Ich möchte meine Emails abrufen / versenden.

El computador se colgó. ¿Me puede ayudar?
der Computer sich (er-)hängte-auf mir (er/sie-)kann helfen
Der Computer ist abgestürzt. Können Sie mir helfen?

¿Es posible imprimir también? *(es-) ist möglich drucken auch*
Kann ich hier auch ausdrucken?

¿Tienen ustedes Wifi gratuito?
sie-)besitzen Sie(Mz) WLAN kostenlos
Haben Sie kostenloses W-Lan?

¿Cómo hago para conectarme?
wie (ich-)mache für verbinden-mich
Wie kann ich mich einloggen?

¿Cuál es su contraseña?
welche (sie-)ist sein/ihr Passwort
Wie lautet das Passwort?

Fotografieren

Es ist eigentlich selbstverständlich, dass man die Kamera nicht hemmungslos auf die Einheimischen richtet. Besonders Mapuche lassen sich sehr ungern fotografieren, was man respektieren sollte.

Kamerazubehör zu kaufen wie z. B. Speicherchips ist in Chile problemlos. Fotos können in den Internet Cafés verschickt und in größeren Fotoläden ausgedruckt werden.

¿Es permitido tomar fotos aquí?
(es-)ist erlaubt nehmen Fotos hier
Darf man hier fotografieren?

Por favor, ¿me permite tomarle una foto?
d. Gef. mir (er-/sie-)erlaubt nehmen-ihm/ihr eine Foto
Darf ich ein Foto von Ihnen machen?

Voy a mandarle una copia.
(ich-)gehe zu schicken-ihm/-ihr eine Kopie
Ich schicke Ihnen einen Abzug.

¿Podría sacarnos una foto, por favor?
(er-/sie-)könnte herausziehen-uns eine Foto d. Gef.
Könnten Sie bitte ein Foto von uns machen?

Tiene que apretar aquí.
(er-/sie-)besitzt dass drücken hier
Hier müssen sie draufdrücken.

Quiero una impresión de cada foto de esta tarjeta.
(ich-)will eine Druck von jede Foto von diese Karte
Ich möchte je einen Ausdruck von den Fotos auf dieser Karte.

¿Cuánto tarda la impresión de estas fotos?
wie-viel (sie-)dauert die Druck von diese Fotos
Wie lange dauert das Ausdrucken dieser Fotos?

cámara fotográfica	Fotokamera
cámara digital	Digitalkamera
cámara de video	Videokamera
objetivo	Objektiv
flash *(m)*	Blitz(licht)
pilas	Batterien
tripié *(m)*, **trípode** *(m)*	Stativ
tarjeta memoria **chip memoria**	Speicherkarte
formato	Format
foto *(w)*, **fotografía**	Fotografie
tomar una foto	fotografieren

filmar	filmen
revelar	entwickeln
copia	Abzug

Krank sein

Trotzdem werden wahrscheinlich die meisten Reisenden früher oder später ihre chilenitis *bekommen, einen lästigen, aber harmlosen Durchfall.*

Viele Krankheiten lassen sich vermeiden, indem man einige grundlegende Regeln befolgt:
Vor allem sollte man kein Leitungswasser trinken, das nicht vorher abgekocht oder sonstwie entkeimt wurde (auch nicht in Form von Eiswürfeln, in Zweifelsfällen besser nachfragen).

Obst sollte nur geschält, und Fleisch gut durchgebraten verzehrt werden.

Speiseeis ist ebenfalls ein idealer Nährboden für Keime.

médico, doctor	Arzt
tratamiento	Behandlung
primer auxilio	Erste Hilfe
vacunación	Impfung
hospital, clínica	Krankenhaus
posta	Krankenstation
ambulancia	Krankenwagen
Cruz Roja	Rotes Kreuz

radiografía	Röntgenbild
inyección	Spritze
oxígeno	Sauerstoff
consulta	Untersuchung
venda, vendaje	Verband
dentista *(m+w)*	Zahnarzt/-ärztin

Also nicht etwa „señor doctor" oder so.

¡Por favor, llame a un médico, rápido!
durch Gefallen (er-/sie-)rufe zu ein Arzt schnell
Bitte rufen Sie schnell einen Arzt!

beim Arzt

Arzt- und Krankenhausrechnungen müssen in Chile sofort bezahlt werden. Die Ärztin redet man mit doctora, den Arzt mit doctor an.

Mit einem Smartphone können Sie sich die mit einem gekennzeichneten Sätze dieses Kapitels anhören.

Me siento muy mal.
mich (ich-)fühle sehr schlecht
Ich fühle mich sehr schlecht.

Tuve un accidente.
(ich-)hatte ein Unfall
Ich hatte einen Unfall.

¿Dónde le duele?
wo ihm/ihr (es-)schmerzt
Wo haben Sie Schmerzen?

Me duele el estómago.
mir (er-)schmerzt der Magen
Ich habe Magenschmerzen.

Falls Sie mit diesem Kauderwelsch-Band nicht weiterkommen: In Santiago, Temuco, Osorno und Valdivia gibt es deutsche Krankenhäuser (clínicas alemanas), *deren Ärzte Deutsch sprechen.*

Krank sein

Körperteile			
brazo	Arm	**hueso**	Knochen
ojo	Auge	**cabeza**	Kopf
barriga, guata	Bauch	**hígado**	Leber
pierna	Bein	**labio**	Lippe
apéndice	Blinddarm	**pulmón**	Lunge
sangre *(m)*	Blut	**estómago**	Magen
pecho	Brust	**boca**	Mund
intestinos	Darm	**músculo**	Muskel
dedo	Finger	**nariz** *(w)*	Nase
pie *(m)*	Fuß	**nervio**	Nerv
cara	Gesicht	**riñón**	Niere
cuello	Hals	**oreja**	Ohr
mano	Hand	**garganta**	Rachen
vejiga	Harnblase	**costilla**	Rippe
piel *(w)*	Haut	**frente** *(w)*	Stirn
corazón	Herz	**columna vertebral**	Wirbelsäule
rodilla	Knie	**diente** *(m)*	Zahn
rótula	Kniescheibe	**lengua**	Zunge

Me mordió una serpiente.
mich (sie-)biss eine Schlange
Mich hat eine Schlange gebissen.

Me torcí el pie.
mir (ich-)drehte der Fuß
Ich bin mit dem Fuß umgeknickt.

Fui picado / picada.
(ich-)war gestochen(m/w)
Ich bin gestochen worden.

Tengo la tensión alta / baja.
(ich-)besitze die Druck hohe / niedrige
Ich habe hohen / niedrigen Blutdruck.

Estoy embarazada.
Ich bin schwanger.

Tengo una alergia contra ...
Ich habe eine Allergie gegen ...

¿Ha sido Usted vacunado / vacunada contra el tétano?
(er-/sie-)hat gewesen Sie geimpft(m/w) gegen der Wundstarrkrampf
Sind Sie gegen Wundstarrkrampf geimpft?

Desde hace tres días tengo fiebre / diarrea.
seit (es-)macht drei Tage (ich-)besitze Fieber / Durchfall
Seit drei Tagen habe ich Fieber / Durchfall.

Krankheiten & Beschwerden	
asma	Asthma
dolor de ojo	Augenschmerzen
erupción	Ausschlag
dolor de barriga	Bauchschmerzen
inconciente	bewusstlos
cólera	CholeraSchmerz
diarrea	Durchfall
inflamación	Entzündung
vómitos *(Mz)*	Erbrechen
resfriado	Erkältung
frío	Frösteln
fiebre amarilla	Gelbfieber
úlcera	Geschwür
hepatitis *(w)*	Hepatitis

soroche *(m)*	Höhenkrankheit
tos (con sangre)	Husten (mit Blut)
infección	Infektion
fractura	Knochenbruch
dolor de cabeza	Kopfschmerzen
enfermo / sano	krank / gesund
enfermedad	Krankheit
paludismo, malaria	Malaria
dolor de oído	Ohrenschmerzen
hongos *(Mz)*	Pilze
dolor *(m)*	Schmerz
dolor al orinar	Schmerz beim Wasserlassen
catarro	Schnupfen
vértigo, mareo	Schwindel
vomitar	sich erbrechen
quemadura de sol	Sonnenbrand
tétano	Tetanus, Wundstarrkrampf
tifus *(m)*	Typhus
náusea	Übelkeit
quemadura	Verbrennung
estreñimiento	Verstopfung
herida	Wunde
lombrices *(w)*	Würmer
dolor de muelas	Zahnschmerzen
diabetes *(w)*	Zuckerkrankheit

Tome Usted diez gotas diárias / tres veces al día.
(er-/sie-)nehme Sie zehn Tropfen täglich / drei Male zum Tag
Nehmen Sie täglich / dreimal täglich zehn Tropfen.

Usted tiene que tomar una pastilla cada cuatro horas.
Sie (er-/sie-)besitzt dass nehmen eine Tablette jede vier Stunden
Sie müssen alle vier Stunden eine Tablette nehmen.

Necesito un recibo con el diagnóstico detallado para mi seguro.
(ich-)brauche ein Quittung mit der Diagnose ausführlich für mein Versicherung
Ich brauche eine Quittung mit einer ausführlichen Diagnose für meine Krankenversicherung.

Apotheke

In chilenischen Apotheken sind wesentlich mehr Medikamente rezeptfrei erhältlich als in Deutschland.

laxante *(m)*	Abführmittel	**receta**	Rezept
antibiótico	Antibiotikum	**pomada**	Salbe
farmacia	Apotheke	**bronceador**	Sonnencreme
aspirina	Aspirin	**comprimido**, **pastilla**, **tableta**	Tablette
jarabe *(m)*	Hustensaft	**termómetro**	Thermometer
medicina, **remedio**	Medikament	**gota**	Tropfen
venda de gasa	Mullbinde	**venda**	Verband
curita, **parche** *(m)*	Pflaster	**supositorio**	Zäpfchen

Necesito algo contra la diarrea.
(ich-)benötige etwas gegen die Durchfall
Ich brauche etwas gegen Durchfall.

Toilette

Hier nun einige Wörter und Satzbeispiele zu Toilette & Co.

Achtung: clóset *bedeutet „Wandschrank“ und hat absolut nichts mit „Toilette“ zu tun!*

baño	Toilette
ocupado / libre	besetzt / frei
damas / caballeros	Damen / Herren
papel higiénico / confort	Klopapier

Tengo que ir al baño.
(ich-)besitze dass gehen zum Bad
Ich muss mal.

Falta el papel higiénico.
(er-)fehlt der Papier hygienisch
Das Toilettenpapier fehlt.

¿Dónde está el baño, por favor?
wo (er-)ist der Bad durch Gefallen
Wo ist die Toilette, bitte?

Schimpfen & Fluchen

Die in diesem Kapitel vorgestellten Ausdrücke sind eher für den passiven als für den aktiven Wortschatz gedacht. Man kann sich sonst ernsthaften Ärger einhandeln, auch

wenn die Chilenen Schimpfwörter oft sogar freundschaftlich benutzen. (Man stelle sich einen Ausländer vor, der zu einem „Na, du Arsch“ sagt!)
Sehr oft wird man das Wort huevón (wörtlich „dickes Ei“) zu hören bekommen, was sinngemäß ungefähr „Arsch“ bedeutet. Viele junge Chilenen (und auch Chileninnen, dann natürlich huevona) begrüßen sich so – es kommt halt auf den Tonfall an. Hier einige von huevón abgeleitete Wortschöpfungen:

huevada	Dummheit	
huevear	Quatsch machen	
¡Qué huevón!	Was für ein Idiot!	
¡No huevi!	Mach keinen Scheiß!	
mierda	Scheiße	
cagado, jodido, de mierda	beschissen, mies	
hijo de puta	Hurensohn	
concha su madre	Arschloch	*Fotze seiner Mutter*
... culiao	Scheiß... (-kerl, -bulle usw.)	*gefickt*
gil	Idiot	
chupamedias	Arschkriecher	*Sockenlutscher*
mamón	Weichling	*Säugling*
gallego	ähnl. wie unser „Ostfriese“	*Galizier*
pendejo	kleiner dummer Junge	*Schamhaar*
imbécil	unverschämter Typ	*Schwachsinniger*
¡No hinches! / ¡No hinchí!	Nerv mich nicht!	
cagón	Stänkerer	

Literaturhinweise

Empfehlenswerte Sprachlehrbücher für das Spanische:

Die hier aufgeführten Bücher sind nicht über den Reise Know-How Verlag erhältlich.

Caminos neu A1, Klett Verlag, Stuttgart (Lehr- und Arbeitsbuch mit drei Audio-CDs, z. Z. das Standardwerk in der Erwachsenenbildung.) Für Fortgeschrittene gibt es **A2** und **B1**.

Assimil: Spanisch ohne Mühe heute, Assimil Verlag, Nörvenich (Grundkurs für Anfänger und Wiedereinsteiger, Multimedia-Kombination aus Buch und vier Audio-CDs oder Buch und einer CD-ROM).

Das beste (und teuerste) Wörterbuch für das Spanische ist:

Rudolf Slaby, Rudolf Grossmann, Carlos Illig: Wörterbuch der spanischen und deutschen Sprache, Brandstetter Verlag, Wien (in zwei Bänden, vor kurzem aktualisiert!).

Über das chilenische Spanisch findet man ein Kapitel in:

Hugo Kubarth: Das lateinamerikanische Spanisch. Ein Panorama. Hueber-Verlag, München 1987 (nur noch antiquarisch erhältlich).

Buntes Haus in Valparaíso

Hauptwörter:
Männliche Hauptwörter, die nicht eine der typisch männlichen Endungen -o, -r, -n *oder* -l *haben, sind mit „(m)“ gekennzeichnet.*
Ebenso sind weibliche Hauptwörter, die nicht eine der typisch weiblichen Endungen -a, -d, -z *oder* -ción *haben, mit „(w)“ gekennzeichnet.*

Tätigkeitswörter:
*Unregelmäßige Verben sind mit einem * gekennzeichnet. Die wichtigsten von diesen findet man im Kapitel „Unregelmäßige Verben“.*

Eigenschaftswörter:
Die Adjektive werden jeweils nur in der (männlichen) Grundform aufgeführt.

Abkürzungen:
(w) = weiblich
(m) = männlich
(unpers.) = unpersönlicher Ausdruck
(Ez) = Einzahl
(Mz) = Mehrzahl

A

abbiegen doblar
Abend tarde (w);
zu A. essen cenar
Abendessen cena
aber pero
abfahren (von) salir* (de), irse* (de)
abfliegen (von) salir* en avión (de)
abgeben depositar, entregar
abholen recoger
abreisen salir* de viaje
Abteil (Zug) sección
Achtung atención
Adresse dirección
ähnlich parecido
Alkohol alcohol
allein solo
alles todo
allgemein general
als (zeitl.) cuando
alt viejo
Alter (Lebens-) edad
Ampel semáforo
anbieten ofrecer*
Andenken recuerdo
anderer otro
ändern cambiar, modificar
Anfang principio, inicio
anfangen comenzar*, empezar*
angenehm agradable
Angestellter empleado
Angst miedo
anhalten parar
ankommen (in) llegar (en)
Ankunft llegada
anmelden anunciar, avisar
Antwort respuesta
antworten contestar
Anzeige (Polizei) denuncia
anziehen (Kleidung) ponerse*
anzünden encender*
Apotheke farmacia
Arbeit trabajo
arbeiten trabajar
Arbeiter trabajador
ärgern fastidiar
arm pobre
Arm brazo
Art (Sorte) género; **(Weise)** manera
Arzt médico, doctor
Asche ceniza
auch también;
au. nicht tampoco
auf (örtl.) sobre
Aufenthalt demora, estancia
Aufgabe tarea
aufhören terminar, parar

aufstehen levantarse
aufwachen despertarse*
Auge ojo
aus de
ausdrücken, sich expresarse
Ausfuhr exportación
Ausgang salida
ausgeben (Geld) gastar
ausgezeichnet excelente
Auskunft información, aviso
Ausland exterior
Ausländer extranjero
ausländisch extranjero
Ausreise salida
ausschalten apagar
außen afuera
Aussprache pronunciación
aussteigen bajar
Ausstellung exposición
ausverkauft agotado
ausziehen (Kleidung) quitarse
Auto coche, auto

B

Baby bebe (m) / beba
Badeanzug, -hose traje de baño (m)
baden bañarse
Badezimmer baño
Bahnhof estación de ferrocarril
Bahnsteig andén
bald pronto
Ball pelota
Bank (Geld) banco; **(Sitz-)** banca
Bargeld efectivo
Bart barba
Batterie batería
bauen construir
Bauer agricultor, campesino
Baum árbol
Baumwolle algodón
bedauern lamentar
bedienen servir*
beeilen, sich apurarse
beenden terminar, cortar
begegnen encontrar*
beginnen comenzar*, empezar*
begleiten acompañar
begrüßen saludar
behandeln tratar
Behörde administración
bei con
Bein pierna
Beispiel ejemplo
bekanntmachen, sich conocerse*
beleidigen ofender, insultar
benachrichtigen informar, avisar
benutzen usar
Benzin gasolina
Berg cerro, monte
Beruf profesión (w)
berühmt famoso
berühren tocar
beschäftigt ocupado
beschweren, sich quejarse
Besen escoba
besetzt ocupado
besichtigen visitar
besiegen vencer*
Besitzer dueño
besser mejor
bestellen pedir*
Bestellung pedido
bestrafen castigar
Besuch visita
besuchen visitar
betrügen engañar
betrunken borracho
Bett cama
bevor antes
bewegen mover*
Beweis prueba
bezahlen pagar, cancelar
Bier cerveza
Bild cuadro, pintura
billig barato
Binde (med.) venda; **(Damen-)** toalla sanitaria
bis hasta
bisschen un poquito
Bitte ruego
bitten preguntar por, rogar*, pedir*
bitter amargo
Blatt hoja
bleiben quedar(se)
Bleistift lápiz (m)
Block (Gebäude-) cuadra
Blume flor (w)
Bluse blusa
Blut sangre (w)
Bohne poroto
Boot lancha
Botschaft (dipl.) embajada
Brand incendio
Brauch costumbre (w)
brauchen necesitar

breit ancho
brennen quemar
Brief carta
Briefmarke timbre (m), estampilla
Briefumschlag sobre (m)
Brille lentes (m,Mz), anteojos (m,Mz)
bringen (her-) traer*; **(hin-)** llevar
Brot pan
Brücke puente (m)
Bruder hermano
Brust pecho
Buch libro
buchen reservar
Buchstabe letra
bunt de colores
Burg castillo
Bürger (Staats-) ciudadano
Büro oficina
Bürste cepillo
Bus camión
Busbahnhof terminal de bus
Butter mantequilla

C

Chauffeur chofer
Chef jefe (m)
Computer computador
Creme crema, loción

D

da allí, allá
Dach techo
dafür por eso
dahinter atrás
damit (um zu) por
Dampf vapor
danach después
danke gracias
danken agradecer*
dann entonces
darum por eso
dass que
Datum fecha
dauern tardar
Decke (Bett-) manta, cubrecama (m)
denken pensar*
Denkmal monumento
deshalb por eso, por lo tanto
deutsch alemán
Deutschland Alemania
dick gordo
Dieb ladrón
Diebstahl robo
dies (unpers.) esto
diese(r, -s) este (m), esta (w)
Ding cosa
Diskothek discoteca
Dokument documento
Dolmetscher traductor
Dorf pueblo, aldea
dort allí, allá
dorthin por allá
dringend urgente
drucken imprimir
du tú
dumm tonto
dunkel oscuro
dünn delgado, flaco
Durchfall diarrea
Durst sed (w)

E

echt de verdad
Ei huevo
Eigentum propiedad
Eimer balde (m)
einander uno al otro
einfach simple
Einfuhr importación
Eingang entrada
einige algunos
einladen invitar
Einladung invitación
einschalten encender*
einsteigen subir
eintreten entrar
einverstanden! ¡de acuerdo!
Einwohner(in) inhabitante (m+w)
Eis hielo; **(Speise-)** helado
Eisenbahn ferrocarril
Eiter pus (m)
Eltern padres (m,Mz)
E-Mail correo electrónico
empfangen recibir
empfehlen recomendar*
Ende fin
enden terminar, acabar
eng angosto
englisch inglés
Enkel nieto
Enkelin nieta
Entfernung distancia
entscheiden decidir
entschuldigen, sich disculparse
er él
erbrechen, sich vomitar
Erdbeben terremoto, sismo
Erde tierra
Ereignis evento

Erfolg éxito
erhalten recibir
erholen, sich descansar
erinnern, sich acordarse
erkältet resfriado
erklären explicar
erkundigen, sich informarse
erlauben permitir
Erlaubnis permiso
Ermäßigung descuento, rebaja
Ersatzteil (pieza de) repuesto
erster primero
erzählen contar*
essen comer
Essen comida
Essig vinagre (m)
Etage piso, nivel
etwa más o menos, aproximadamente
etwas algo

F

Fabrik fábrica
Faden hilo
fahren (lenken) manejar, conducir*
Fahrkarte boleto, pasaje (m)
Fahrplan horario
Fahrrad bicicleta
fallen (hin-) caerse*
falsch falso
Familie familia
Farbe color
Farm hacienda
faul (träge) flojo; **(verfault)** podrido
fegen barrer
Fehler error
feiern celebrar
feilschen negociar
Feld terreno
Fenster ventana
Ferien vacaciones (Mz)
fern lejos
Fernsehgerät televisor
fertig listo
fest firme
Fest fiesta
feucht mojado
Feuer incendio
Fieber fiebre (w)
Film (Kino) película; **(Foto)** rollo
finden encontrar*
Finger dedo
Fisch pez (m); **(als Speise)** pescado
Flasche botella
Fleisch carne (w)
fleißig trabajador
fliegen volar
Flughafen aeropuerto
Flugzeug avión
Fluss río
Formular formulario
Fotoapparat cámara
Fotografie foto (w)
fotografieren tomar una foto
Frage pregunta
fragen preguntar
französisch francés
Frau mujer (w); **(-frau)** esposa
Fräulein señorita
frei libre
fremd extranjero
freuen, sich alegrarse
Freund amigo; **(fester)** novio, pololo
Freundin amiga; **(feste)** novia, polola
freundlich amable
Freundschaft amistad
Frieden paz
frieren tener* frio
frisch fresco
fröhlich alegre
Frucht fruta
früh temprano
Frühling primavera
Frühstück desayuno
frühstücken desayunar
fühlen sentir*
für para
fürchten, sich temer
Fuß pie (m); **zu F.** a pie

G

Gabel tenedor
ganz todo
Garten jardín
Gasse callejón
Gast huésped (m+w)
Gastfreundschaft hospitalidad
Gebäck pasteles (m,Mz)
Gebäude edificio
geben dar*, entregar; **es gibt** hay
Gebirge montaña
Geburtstag cumpleaños (m)
gefährlich peligroso
gefallen gustar
Gefühl sentimiento
gegen contra
Gegend región (w)

gegenüber enfrente
gehen ir*, andar, caminar
Geld dinero
Gemüse verdura
gemütlich cómodo
genau exacto
genug bastante, suficiente
Gepäck equipaje (m)
geradeaus derecho
gern con mucho gusto
Geschäft (Laden) tienda; **(Business)** negocio
Geschenk regalo
Geschichte (Erzähl.) narración; **(Historie)** historia
geschlossen cerrado
Geschwister hermanos (m,Mz)
Gesellschaft sociedad
Gesetz ley (w)
Gespräch conversación
gestern ayer
gesund sano
Gesundheit salud
Getränk bebida
Gewicht peso
Gewitter tormenta
gewöhnen acostumbrarse
Gewürz condimento
Gift veneno
Glas (Material) vidrio; **(Trink-)** vaso
glauben creer*
gleich (egal) igual;
Glück suerte (w)
glücklich feliz
Glühbirne ampolleta
Gold oro
Gott Diós (m)
Gramm gramo
Grammatik gramática
Gras pasto
gratulieren felicitar
Grenze frontera
Grippe gripe (w)
groß grande **(körperlich)** alto
Größe (Kleidung) tamaño
Großmutter abuela
Großvater abuelo
Gruppe grupo
grüßen saludar
gültig válido
gut bueno

H

Haar pelo, moño
haben (Besitz) tener*; **(Hilfsverb)** haber*
Hafen puerto
halb medio
Hälfte mitad
halten sostener*
Haltestelle parada
Hand mano (w)
Handel comercio
handgemacht hecho a mano
Handtuch toalla
hängen colgar*
hart duro
hässlich feo
Hauptstadt capital (w)
Haus casa
Hausfrau ama de casa
Hausherr patrón
heben levantar
heiraten casarse
heiß caliente
heißen llamarse
helfen ayudar
hell claro
Herbst otoño
Herr señor
herzlich cariñoso
heute hoy
hier aquí, acá
Hilfe ayuda
Himmel cielo
hindurch (quer) através de
hinlegen, sich acostarse*
hinter detrás de
hoch alto
Hochzeit boda, casamiento
hoffen esperar
höflich cortés
Holz madera
hören oír*, escuchar
Hotel hotel, hospedaje (m)
hübsch bonito
Huhn (Henne) gallina; **(Hähnchen)** pollo
Hund perro
Hunger hambre (w)
Hygiene higiene (w)

I

ich yo
ihr ustedes
immer siempre
impfen vacunar
in en, dentro de
Industrie industria
Innenhof patio
innerhalb dentro de
Insekt insecto

Wörterliste Deutsch – Spanisch

Insel isla
interessant interesante
interessieren, sich interesarse por
international internacional
irren, sich equivocarse

J

ja sí
jagen cazar
Jahr año
Jahreszeit estación
jährlich anual
jeder cada (uno)
jedesmal cada vez
jedoch sin embargo
jemand alguién
jener aquel
jetzt ahora
Journalist(in) periodista (m+w)
Jugend juventud
jung joven
Junge chico, joven

K

Kaffee café (m)
kalt frío, helado
Kamm peine (m)
kaputt roto
Karte (Plastik) tarjeta; **(Land-)** mapa (m)
Käse queso
Kasse caja
Katze gato
kaufen comprar
keiner ninguno
kennen conocer*
Kerze vela
Kind niño
Kino cine (m)
Kirche iglesia
Kleidung vestido
klein chico, pequeño
klug inteligente
Kneipe bar, boliche (m)
Knochen hueso
kochen cocinar
Koffer maleta
kommen llegar, venir*
kompliziert complicado
können poder*
Konsulat consulado
Konto cuenta
kontrollieren controlar
Konzert concierto
Kopf cabeza
Körper cuerpo
kosten (Preis) costar*, valer*; **(Probe)** probar
kostenlos gratuito
krank enfermo
Krankenhaus clínica, hospital
Krankheit enfermedad
Kreuzung cruce (m)
Krieg guerra
kühl fresco
Kühlschrank refrigerador
Kunst arte (m)
Kunstgewerbe artesanía
Kupfer cobre (m)
kurz corto
Kuss beso
küssen besar

L

lächeln sonreír
lachen reírse
laden (re)cargar
Laden (Kauf-) tienda
Lage (geogr.) posición
Lager (Zelt-) campamento
Laken sábana
Lampe lámpara
Land país (m)
Landschaft paisaje (m)
Landwirtschaft agricultura
lang largo
langsam despacio, lento
langweilig aburrido
laufen correr
laut con voz alta
leben vivir
Leben vida
Lebensmittel alimentos (m,Mz)
ledig soltero
leer vacío
legen poner*
lehren enseñar
Lehrer maestro
Lehrerin maestra
leicht (Gewicht) liviano; **(Problem)** fácil
leihen, sich (von) prestar de
Leitung línea
lernen aprender
lesen leer
Leute gente (w)
Licht luz
lieben querer*, amar

liebenswürdig amable
Lied canción
liegen estar* acostado
links a la izquierda
Lippe labio
Loch hoyo
Löffel cuchara
Lohn (Gehalt) sueldo
löschen apagar
lügen mentir*
Lust: L. haben tener* ganas
lustig alegre

M

machen hacer*
Mädchen chica; **(kleines)** niña
Mais choclo
Mal (ein M.) (una) vez
malen pintar
manchmal a veces, de vez en cuando
Mann hombre (m); **(Ehe-)** marido
Markt mercado
Medikament remedio
Meer mar
Mehl harina
mehr (Vergleich) más
Menge cantidad
Mensch hombre (m)
merken, sich conmemorar
Messer cuchillo
mieten rentar, alquilar
Milch leche (w)
Minute minuto
mit con
Mittag mediodía (m); **zu M. essen** almorzar
Mittagessen almuerzo
mitteilen comunicar
Mitternacht medianoche (w)
mittlerer medio
Mode moda
mögen querer*
möglich posible
Monat mes (m)
Mond luna
morgen mañana
Morgen mañana
Motor motor
Motorboot lancha, yate (m)
Motorrad moto (w)
müde cansado
Müll basura
Mund boca
Museum museo
Musik música
müssen tener* que, deber
Mutter madre, mamá

N

nach (Richtung) a; **(zeitl.)** después
Nachmittag tarde (w)
Nachname apellido
Nachricht noticia
nächster próximo
Nacht noche (w)
nackt desnudo
Nadel aguja
nah cerca
Name (Vor-) nombre (m); **(Familien-)** apellido
Nase nariz
nass húmedo
Natur naturaleza
natürlich natural
neben al lado de
nehmen tomar
nein no
neu nuevo
neugierig curioso
nicht no
nichts nada
niedrig bajo
niemals nunca, jamás
niemand nadie
nirgends por ningún lado
noch todavía, aún; **n. ein** otro; **n. einmal** otra vez
Norden norte (m)
normal normal
notwendig necesario
Nummer número
nur solo
nutzen servir*

O

ob si
oben arriba
Obst fruta
oder o
offen abierto
öffnen abrir
oft muchas veces
ohne sin
Ohr (äußeres) oreja; **(inneres)** oído
Öl aceite (m)
Onkel tío
Organ órgano
organisieren organizar
Ort lugar
Osten (Region) oriente (m); **(Richtung)** este (m)
Österreich Austria

österreichisch austríaco

P / Q

paar: ein p. algunos (-as)
Paar (Ehe-) pareja; **(Dinge)** par
Paket paquete (m)
Palast palacio
Panne (Auto) pana
Papier papel
Park parque (m)
parken (Auto) parquear, aparcar
Parkplatz aparcamiento
Pass (Reise-) pasaporte (m)
Passagier pasajero
passieren pasar
Patient(in) paciente (m+w)
Pause pausa
Person persona
Pfeffer pimienta
Pferd caballo
Pflanze planta
Plan plan
Platz plaza
plötzlich de repente
Politik política
Polizei policía, carabineros (Mz)
Polizist carabinero
Post correo
Postkarte postal (w)
Preis precio
privat privado
Problem problema (m)
Programm programa (m)
Prost! ¡Salud!
pünktlich puntual
Qualität calidad

R

Radiogerät radio (w)
rasieren afeitar
Ratschlag consejo
Rauch humo
rauchen fumar
Raum cuarto
rechnen calcular
Rechnung factura, cuenta
Recht derecho
rechts a la derecha
reden hablar
Regen lluvia
Regenschirm paragua (m)
registrieren registrar
regnen llover*
reich rico
reif maduro
Reifen neumático
Reis arroz (m)
Reise viaje (m)
Reisebüro agencia de viaje
reisen viajar
rennen correr
reparieren arreglar
reservieren reservar
Restaurant restaurante (m)
Rettungswagen ambulancia
richtig correcto
Richtung dirección; **in R. auf** hacia
Rind vacuno
roh crudo
Rückfahrt regreso
Rucksack mochila
rufen llamar; **(schreien)** gritar
Ruhe silencio
ruhen descansar

S

Sache (Ding) cosa
sagen decir*
Salat ensalada
Salbe pomada
Salz sal (w)
sammeln recoger
Sand arena
satt satisfecho
Satz (Sprache) frase (w)
sauber limpio
säubern limpiar
sauer ácido, agrio
Schallplatte disco
scharf (Speise) picante
Scheck cheque (m)
Schere tijera
schicken mandar, enviar
schießen tirar
Schiff barco
Schlaf sueño
schlafen dormir*
Schlafzimmer dormitorio
schlagen pegar
schlecht malo
schlechter peor
schließen cerrar*
Schloss (Bau) castillo
Schlucht barranco
Schlüssel llave (w)
schmackhaft sabroso, rico
Schmerz dolor, pena

schmerzen doler*
Schmuck joyas (Mz)
schmutzig sucio
Schnaps aguardiente
schneiden cortar
schnell rápido
schon ya
schön lindo, bonito
schrecklich horrible
schreiben escribir
schreien gritar
Schuh zapato
schuldig culpable
Schule escuela
Schüler alumno
Schülerin alumna
schwanger embarazada
Schwein chancho
Schweiz Suiza
schweizerisch suizo
schwer pesado
Schwester hermana
schwierig difícil
schwimmen nadar
schwitzen sudar
See lago
sehen ver*;
(an-, zu-) mirar
Sehenswürdigkeit lugar de interés
Seide seda
Seife jabón
Seil cuerda
sein (Verb) ser*, estar*
seit desde
Seite (Richtung) lado;
(Buch) página
Sekunde segundo
selbst mismo
selten raro
senden mandar, enviar
setzen, sich sentarse
sicher seguro
sie (Ez) ella;
(Mz) ellos (-as)
Sie Usted(es)
siegen vencer
Silber plata
singen cantar
sitzen estar* sentado
so así;
s. viel tanto
sofort al tiro, inmediatamente
Sohn hijo
solcher tal
sollen deber
Sommer verano
sondern sino
Sonne sol
sorgen, sich preocuparse
sparen ahorrar
spät tarde
spazierengehen pasear
Speise alimento
Speisekarte carta
Spiegel espejo
Spiel juego
spielen jugar;
(Instrument) tocar
Spielzeug juguete (m)
Sport deporte (m)
Sprache idioma (m)
sprechen hablar
spritzen (mediz.) inyectar
Staat estado
Staatsangehörigkeit nacionalidad
Stadt ciudad
stark fuerte
stehen estar* parado
Stein piedra
Stelle (Ort) lugar
stellen poner*
sterben morir*
Stern estrella
Stil estilo
Stimme voz
Stoff tela
stören molestar
Strafe pena, castigo
Strand playa
Straße calle (w)
Streichhölzer fósforos (m,Mz)
streiten pelearse
Stück pieza
Student(in) estudiante (m+w)
studieren estudiar
Stuhl silla
Stunde hora
suchen buscar
Süden sur
Summe suma
Suppe sopa
süß dulce

T

Tabak tabaco
Tablette pastilla
Tag día (m)
täglich diario
Tal valle (m)
Tampon tampón
Tankstelle bomba de gasolina
Tante tía
Tanz baile (m), danza
tanzen bailar
Tasche bolsa
Taxi taxi (m)
Tee té (m)
Telefon teléfono
telefonieren hablar / llamar por teléfono

Telegramm telegrama (m)
teuer caro
Theater teatro
tief profundo
Tier animal
Tisch mesa
Tochter hija
Tod muerte (w)
Toilette sanitario, baño
Toilettenpapier papel higiénico, confort
tot muerto
töten matar
Tradition tradición
tragen llevar, cargar
Traum sueño
traurig triste
treffen (begegnen) encontrar*
Treppe escalera
trinken tomar
Trinkgeld propina
trocken seco
trocknen secar
Tropfen gota
Truthahn pavo
tschüss! ¡Adiós!
Tuch (Kopf-, Taschen-) pañuelo; **(Putz-)** trapo
tun hacer*
Tür puerta
Turm torre (w)

U

üben practicar
über sobre
überall por todos lados
Überfall asalto
übersetzen (Sprache) traducir*
Übersetzer traductor
Überweisung transferencia
übrig de sobre
Uhr reloj (m)
um: u. zu para
Umgebung alrededores (m,Mz)
Umweg desvío
Umwelt medio ambiente
unbekannt desconocido
und y
Unfall accidente (m)
unglaublich increíble
Universität universidad
unschuldig inocente
unten abajo
unter debajo de
unterhalten, sich hablar, conversar
Unterkunft refugio
unterrichten enseñar
unterschreiben firmar
Unterschrift firma
Urlaub vacaciones (Mz)

V

Vater padre (m), papá (m)
verabreden, sich hacer* una cita
Verabredung cita
verabschieden, sich despedirse*
verboten prohibido
Verbrechen crimen
verdienen (Lohn) ganar; **(Ehre)** merecer*
vergessen olvidarse (de)
vergnügen, sich divertirse*
Vergnügen gusto
verheiratet casado
verirren, sich perderse
verkaufen vender
verleihen prestar (a)
verletzen herir*
verletzt herido
verlieben, sich enamorarse
verlieren perder*
vermieten arrendar
Versicherung seguro
verspäten, sich tardarse
versprechen prometer
verstehen comprender, entender*
versuchen tratar
verteidigen defender*
Vieh ganado
viel mucho
vielleicht tal vez, quizás
Vogel pájaro, ave (w)
Volk pueblo
voll lleno
von de
vor (örtl.) delante de; **(zeitl.)** hace
vorbereiten preparar
vorher antes
Vormittag mañana
Vorname nombre (m)
vorschlagen proponer*
Vorsicht cuidado
vorstellen (jemd.) presentar (a);

sich etw. v. imaginarse
Vorwahl código

W

wachsen crecer*
Waffe arma
Wagen coche (m)
wahr cierto
während durante
Wahrheit verdad
Wald bosque (m), monte (m)
Wand pared
wandern caminar
wann? ¿cuándo?
Ware mercancía
warm caliente
warten esperar
warum? ¿por qué?
was? ¿qué?
waschen lavar
Wasser agua
Watte algodón
wechseln cambiar
wecken despertar
Weg camino
wegen por
weggehen irse*
wegnehmen quitar
weiblich femenino
weich suave
weil porque
Wein vino
weinen llorar
weit (Entfernung) lejos
welcher? ¿cuál?; **(Relativpron.)** que
Welle ola
wenig poco
wenn (als) cuando; **(falls)** si
wer? ¿quién?
Werkstatt taller
wessen? ¿de quién?
Westen (Region) occidente (m); **(Richtung)** oeste (m)
Wetter tiempo
wichtig importante
wie como
wie? ¿cómo?; **w. lange?** ¿cuánto tiempo?; **w. viel?** ¿cuánto?; **w. viele?** ¿cuántos (-as)?
wieder de nuevo, otra vez
wiederholen repetir
Wind viento
Windel pañal
Winter invierno
wir nosotros (-as)
Wirtschaft economía
wissen saber*
wo? ¿dónde?
Woche semana
wofür? ¿para qué?
woher? ¿de dónde?
wohin? ¿adónde?
wohnen vivir
Wohnung habitación (w)
Wolke nube (w)
wollen querer*
Wort palabra
Wörterbuch diccionario
Wunde herida
Wunsch deseo
wünschen desear
Wüste desierto

Z

Zahl número
zahlen pagar
zählen contar*
Zahn diente (m), muela
Zahnarzt dentista (m+w)
Zahnbürste cepillo de dientes
Zahnpasta pasta de dientes
zeigen mostrar
Zeit tiempo
Zeitung periódico
Zentrum centro
Zeuge testigo
ziehen jalar; **(heraus-)** sacar
Zigarette cigarillo
Zigarre puro
Zimmer cuarto
zittern temblar*
Zoll aduana
zu (nach) a
Zucker azúcar
zufrieden contento
Zug tren
Zunge lengua
zurück por atrás
zurückgeben devolver*
zurückkehren volver*
zusammen junto
zuviel demasiado
Zweifel duda
zwischen entre

Wörterliste Spanisch – Deutsch

A

a nach, zu
abajo unten
abierto offen
abrir öffnen
abuela Großmutter
abuelo Großvater
aburrido langweilig
acá hier
acabar enden;
a. de gerade (etw.) getan haben
accidente (m) Unfall
aceite (m) Öl
ácido sauer
acompañar begleiten
acordarse sich erinnern
acostado: estar a. liegen
acostarse sich hinlegen
acostumbrarse gewöhnen
acuerdo: ¡de a.! ja, Einverstanden!
¡Adiós! tschüss!
¿adónde? wohin?
administración Behörde
aduana Zoll
aeropuerto Flughafen
afeitar rasieren
afuera (dr)außen
agencia: a. de viaje Reisebüro
agotado erschöpft, ausverkauft
agradable angenehm
agradecer* danken
agricultor Bauer
agricultura Landwirtschaft
agrio sauer
agua Wasser
aguardiente Schnaps
aguja Nadel
ahora jetzt
ahorrar sparen
alcohol Alkohol
aldea Dorf
alegrarse sich freuen
alegre fröhlich, lustig
alemán deutsch, Deutscher
alemana Deutsche
Alemania Deutschland
algo etwas
algodón Baumwolle, Watte
alguién jemand
algunos (-as) einige
alimento Speise;
alimentos Lebensmittel
almorzar essen (zu Mittag)
almuerzo Mittagessen
alquilar mieten
alrededores (m,Mz) Umgebung
alto hoch, lang, groß
alumna Schülerin
alumno Schüler
allá, allí da, dort;
por a. dorthin
ama: a. de casa Hausfrau
amable freundlich, liebenswürdig
amar lieben
amargo bitter
ambiente: medio a. Umwelt
ambulancia Rettungswagen
amiga Freundin
amigo Freund
amistad Freundschaft
ampolleta Glühbirne
ancho breit
andén Bahnsteig
angosto eng
animal Tier
antes bevor, vorher
anual jährlich
anunciar anmelden
año Jahr
apagar löschen, ausschalten
apellido Nachname
aprender lernen
apurarse sich beeilen
aquel jener
aquí hier
árbol Baum
arena Sand
arreglar reparieren
arrendar vermieten
arriba oben
arroz (m) Reis
arte (m) Kunst
artesanía Kunstgewerbe
asalto Überfall
así so
atención Achtung
atrás hinten, rückwärts;
por a. zurück
através: a. de (quer) hindurch
aún noch
Austria Österreich
austríaco österreichisch
ave (w) Vogel, Geflügel
avión Flugzeug
avisar anmelden
ayer gestern
ayuda Hilfe

ayudar helfen
azúcar Zucker

B

bailar tanzen
baile (m) Tanz
bajar aussteigen
bajo niedrig
balde (m) Eimer
banca (Sitz-)Bank
banco Bank (Geld)
bañarse baden
baño Toilette, Badezimmer
bar Kneipe
barato billig
barba Bart
barco Schiff
barranco Schlucht
barrer fegen
bastante genug
basura Müll
batería Batterie
bebe (m) Baby
bebida Getränk
besar küssen
bicicleta Fahrrad
blusa Bluse
boca Mund
boda Hochzeit
boleto Fahrkarte
boliche (m) Kneipe
bolsa Tasche
bomba: b. de gasolina Tankstelle
bonito schön, hübsch
borracho betrunken
bosque (m) Wald
botella Flasche
brazo Arm
bueno gut
buscar suchen

C

caballo Pferd
cabeza Kopf
cada (uno) jeder
caer(se)* (hin)fallen
café (m) Kaffee
caja Kasse
calcular rechnen
calidad Qualität
caliente heiß, warm
calle (w) Straße
callejón Gasse
cama Bett
cámara Fotoapparat
cambiar wechseln, ändern
caminar wandern
camino Weg
camión (m) Bus
campamento Zeltlager
campesino Bauer
cancelar (be)zahlen
canción Lied
cansado müde
cantar singen
cantidad Menge (Quantität)
capital (w) Hauptstadt
carabinero Polizist
cargar tragen, laden
cariñoso herzlich
carne (w) Fleisch
caro teuer
carta Brief, Speisekarte
casa Haus
casado verheiratet
casamiento Hochzeit
casarse heiraten
castigar bestrafen
castillo Burg, Schloss
cazar jagen
celebrar feiern
cena Abendessen
cenar zu Abend essen
ceniza Asche
centro Zentrum
cepillo Bürste;
c. de dientes Zahnbürste
cerca nah
cerrar* schließen
cerro Berg
cerveza Bier
chancho Schwein
cheque (m) Scheck
chica Mädchen
chico klein, Junge
choclo Mais
chofer Chauffeur
cielo Himmel
cierto wahr
cigarillo Zigarette
cine (m) Kino
cita Verabredung
ciudad Stadt
ciudadano (Staats-)Bürger
claro hell
clínica Krankenhaus
cobre (m) Kupfer
coche (m) Auto, Wagen
cocinar kochen
código Vorwahlnummer
colgar* hängen
color Farbe;
de colores bunt
comenzar* anfangen, beginnen
comer essen
comercio Handel
comida Essen (Mahlzeit)
como wie
¿cómo? wie?

cómodo gemütlich
complicado kompliziert
comprar kaufen
comprender verstehen
computador Computer
comunicar mitteilen
con bei, mit
concierto Konzert
condimento Gewürz
conducir fahren, lenken
conmemorar sich merken
conocer* kennen; **conocerse*** sich bekanntmachen
consejo Ratschlag
construir bauen
consulado Konsulat
contar* (er)zählen
contento zufrieden
contestar antworten
contra gegen
controlar kontrollieren
conversación Gespräch
conversar sich unterhalten
correcto richtig
correo Post; **c. electrónico** E-Mail
correr laufen, rennen
cortés höflich
cortar schneiden, beenden
corto kurz
cosa Sache, Ding
costar* kosten (Preis)
costumbre (w) Brauch
crecer* wachsen
creer* glauben
crema Creme
crimen Verbrechen
cruce (m) Kreuzung
crudo roh
cuadra (Gebäude-)Block
cuadro Bild
¿cuál? welche(r, -s)?
cuando wenn, als
¿cuándo? wann?,
¿cuánto? wie viel?; **¿cuántos (-as)?** wie viele?
cuarto Raum, Zimmer
cubrecama (m) Bettdecke
cuchara Löffel
cuchillo Messer
cuenta Rechnung, Konto
cuerda Seil
cuerpo Körper
culpable schuldig
cumpleaños (m) Geburtstag
curioso neugierig

D

danza Tanz
dar* geben
de aus, von
debajo: d. de unter
deber sollen
decidir entscheiden
decir* sagen
dedo Finger
defender* verteidigen
delante vor (örtl.)
delgado dünn
demasiado zuviel
demora Aufenthalt
dentista (m+w) Zahnarzt
dentro (de) in(nerhalb)
denuncia Anzeige (Pol.)
deporte (m) Sport
depositar abgeben
derecha: a la d. rechts
derecho Recht, geradeaus
desayunar frühstücken
desayuno Frühstück
descansar sich erholen
desconocido unbekannt
descuento Ermäßigung
desde seit
desear wünschen
deseo Wunsch
desierto Wüste
desnudo nackt
despacio langsam
despedirse* sich verabschieden
despertar* wecken; **despertarse*** aufwachen
después danach, nach (zeitl.)
desvío Umleitung, Umweg
detrás: d. de hinter
devolver* zurückgeben
día (m) Tag
diario täglich
diarrea Durchfall
diccionario Wörterbuch
diente (m) Zahn
difícil schwierig
dinero Geld
Diós (m) Gott
dirección Adresse, Richtung
disco Schallplatte
disculparse sich entschuldigen
distancia Entfernung
divertirse* sich vergnügen
doblar abbiegen

documento Dokument
doler* schmerzen
dolor Schmerz
dormir* schlafen
dormitorio Schlafzimmer
¿dónde? wo?;
¿de d.? woher?
duda Zweifel
dueño Besitzer
dulce süß
durante während
duro hart

E

edad (Lebens-)Alter
edificio Gebäude
efectivo Bargeld
ejemplo Beispiel
él er
ella sie (Ez)
ellos (-as) sie (Mz)
embajada Botschaft (dipl.)
embarazada schwanger
embargo: sin e. jedoch
empleado Angestellter
en in
enamorarse sich verlieben
encender* anzünden, einschalten
encontrar* finden, begegnen
enfermedad Krankheit
enfermo krank
enfrente gegenüber
engañar betrügen
ensalada Salat
enseñar unterrichten, lehren
entonces dann
entrada Eingang
entrar eintreten
entre zwischen
entregar geben, überreichen
enviar schicken, senden
equipaje (m) Gepäck
equivocar sich irren
error Fehler
escalera Treppe
escoba Besen
escribir schreiben
escuchar (zu)hören
escuela Schule
eso das da;
por e. deshalb, dafür
espejo Spiegel
esperar hoffen, warten
esposa Ehefrau
estación Jahreszeit;
e. de ferrocarril Bahnhof
estado Staat
estar* sein (Verb)
este dieser
este (m) Osten (Richt.)
estilo Stil
esto dies (unpers.)
estrella Stern
estudiante (m+w) Student(in)
estudiar studieren
evento Ereignis
exacto genau
excelente ausgezeichnet
éxito Erfolg
explicar erklären
exportación Ausfuhr
exposición Ausstellung
expresarse sich ausdrücken
exterior Ausland
extranjero Ausländer, ausländisch, fremd

F

fábrica Fabrik
fácil leicht (Problem)
factura Rechnung
falso falsch
familia Familie
famoso berühmt
farmacia Apotheke
fastidiar ärgern
fecha Datum
felicitar gratulieren
feliz glücklich
femenino weiblich
feo hässlich
ferrocarril Eisenbahn
fiebre (w) Fieber
fiesta Feier, Fest
fin Ende
firma Unterschrift
firmar unterschreiben
firme fest
flaco dünn
flojo faul, träge
flor (w) Blume
formulario Formular
fósforos (m,Mz) Streichhölzer
foto (w) Fotografie
francés französisch
frase (w) Satz (Sprache)
fresco frisch, kühl
frío kalt;
tener* f. frieren
frontera Grenze
fruta Obst, Frucht
fuerte stark
fumar rauchen

G

gallina Huhn, Henne
ganado Vieh
ganar verdienen (Gehalt)
ganas: tener* g. Lust haben
gasolina Benzin
gastar ausgeben (Geld)
gato Katze
general allgemein
género Art, Sorte
gente (w) Leute
gordo dick
gracias danke
gramática Grammatik
gramo Gramm
grande groß
gratuito kostenlos
gripe (w) Grippe
gritar rufen, schreien
grupo Gruppe
guerra Krieg
gustar gefallen
gusto Vergnügen; **con mucho g.** gern

H

haber* haben (Hilfsv.)
habitación Wohnung
hablar sprechen, reden, sich unterhalten; **h. por teléfono** telefonieren
hace vor (zeitl.)
hacer* machen, tun;
hacia in Richtung auf
hacienda Farm
hambre (w) Hunger
harina Mehl
hasta bis
hay es gibt
helado Eis (Speise-), eiskalt
herida Wunde
herido verletzt
herir* verletzen
hermana Schwester
hermano Bruder
hielo Eis (Wasser)
higiene (w) Hygiene
hija Tochter
hijo Sohn
hilo Faden
historia Geschichte
hoja Blatt
hombre (m) Mensch, Mann
hora Stunde
horario Fahrplan
horrible schrecklich
hospedaje (m) Hotel
hospital Krankenhaus
hospitalidad Gastfreundschaft
hotel Hotel
hoy heute
hoyo Loch
huaso (chilen.) Viehhirt
hueso Knochen
huésped (m+w) Gast
huevo Ei
húmedo nass
humo Rauch

I

idioma (m) Sprache
iglesia Kirche
igual gleich (egal)
imaginarse sich (etw.) vorstellen
importación Einfuhr
importante wichtig
imprimir drucken
incendio Brand, Feuer
increíble unglaublich
industria Industrie
información Auskunft
informar benachrichtigen; **informarse** sich erkundigen
inglés englisch
inhabitante (m+w) Einwohner(in)
inicio Anfang, Beginn
inmediatamente gleich, sofort
inocente unschuldig
insecto Insekt
inteligente klug
interesante interessant
interesarse (por) sich interessieren (für)
internacional international
invierno Winter
invitación Einladung
invitar einladen
inyectar spritzen (medizin.)
ir* gehen; **irse*** weggehen
isla Insel
izquierda: a la i. links

J

jabón Seife
jalar ziehen, zerren
jamás niemals
jardín Garten

jefe (m) Chef
joven jung, Jugendliche(r)
joyas (Mz) Schmuck
juego Spiel
jugar spielen
juguete (m) Spielzeug
junto zusammen
juventud Jugend

L

labio Lippe
lado Seite (Richtung);
al l. de neben
por ningún l. nirgends;
por todos lados überall
ladrón Dieb
lago See
lamentar bedauern
lámpara Lampe
lancha (Motor)boot
lápiz (m) Bleistift
largo lang
lavar waschen
leche (w) Milch
leer lesen
lejos fern, weit
lengua Zunge
lentes (m,Mz) Brille
lento langsam
letra Buchstabe
levantar heben;
levantarse aufstehen
ley (w) Gesetz
libre frei
libro Buch
limpiar säubern
limpio sauber
lindo schön
línea Leitung
listo fertig
liviano leicht (Gewicht)
loción Creme
lugar Ort, Stelle;
l. de interés Sehenswürdigkeit
luna Mond
luz Licht

LL

llamar rufen;
ll. por teléfono anrufen;
llamarse heißen
llave (w) Schlüssel
llegada Ankunft
llegar ankommen
lleno voll
llevar tragen, (hin)bringen
llorar weinen
llover* regnen
lluvia Regen

M

madera Holz
madre (w) Mutter
maduro reif
maestra Lehrerin
maestro Lehrer
maleta Koffer
malo schlecht
mamá Mutter, Mutti
mandar schicken
manejar fahren, lenken
manera Art, Weise
mano (w) Hand;
hecho a m. handgemacht
manta Decke
mantequilla Butter
mañana morgen, Vormittag
mapa (m) Land(karte)
mar Meer
marido Ehemann
más mehr (Vergl.);
m. o menos etwa
matar töten
medianoche (w) Mitternacht
médico Arzt
medio mittlerer, halb
mediodía (m) Mittag
mejor besser
mentir* lügen
mercado Markt
mercancía Ware
merecer* verdienen (Ehre)
mes (m) Monat
mesa Tisch
miedo Angst
minuto Minute
mirar ansehen
mismo selbst
mitad Hälfte
mochila Rucksack
moda Mode
modificar (ab)ändern
mojado feucht
molestar stören
montaña Gebirge
monte (m) Berg, Wald
monumento Denkmal
moño Haar
morir* sterben
mostrar zeigen
moto (w) Motorrad
motor Motor
mover* bewegen
mucho viel
muela (Backen-)Zahn
muerte (w) Tod
muerto tot
mujer (w) Frau

museo Museum
música Musik

N

nacionalidad Staatsangehörigkeit
nada nichts
nadar schwimmen
nadie niemand
nariz Nase
narración Geschichte (Erzählung)
natural natürlich
naturaleza Natur
necesario notwendig
necesitar brauchen
negociar feilschen
negocio Geschäft (Business)
neumático Reifen
nieta Enkelin
nieto Enkel
ninguno keiner
niña kleines Mädchen
niño Kind, kleiner Junge
nivel Etage
no nein, nicht
noche (w) Nacht
nombre (m) (Vor)name
normal normal
norte (m) Norden
nosotros (m), nosotras (w) wir
noticia Nachricht
novia (feste) Freundin
novio (fester) Freund
nube (w) Wolke
nuevo neu;
de n. wieder
número Zahl, Nummer
nunca niemals

O

o oder
occidente (m) Westen (Region)
ocupado beschäftigt, besetzt (Telefon)
oeste (m) Westen (Richtung)
ofender beleidigen
oficina Büro
ofrecer* anbieten
oído Ohr (inneres)
oír* hören
ojo Auge
ola Welle
olvidarse de vergessen
oreja Ohr (äußeres)
organizar organisieren
órgano Organ
oriente (m) Osten (Region)
oro Gold
oscuro dunkel
otoño Herbst
otro anderer, noch ein;
uno al o. einander

P

paciente (m+w) Patient(in)
padre (m) Vater;
padres (Mz) Eltern
pagar (be)zahlen
página Seite (Buch)
país (m) Land
paisaje (m) Landschaft
pájaro Vogel
palabra Wort
palacio Palast
pan Brot
pana Panne (Auto)
pañal Windel
pañuelo Tuch
papá (m) Vater, Vati
papel Papier;
p. higiénico Toilettenpapier
paquete (m) Paket
par Paar (Dinge)
para für, um zu;
¿p. qué? wofür?
parada Haltestelle
parado: estar p. stehen
paragua (m) Regenschirm
parar anhalten, aufhören
parecido ähnlich
pared Wand
pareja Ehepaar
parque (m) Park
parquear parken (Wagen)
pasaje (m) Fahrkarte
pasajero Passagier
pasaporte (m) Reisepass
pasar reichen, passieren
pasear spazierengehen
pasta: p. de dientes Zahnpasta
pasteles (m,Mz) Gebäck
pastllla Tablette
pasto Gras
patio Innenhof
patrón Chef, Hausherr
pausa Pause
pavo Truthahn
paz Frieden
pecho Brust
pedido Bestellung

pedir* bestellen
pegar schlagen
peine (m) Kamm
pelearse streiten
pelo Haar
película Film (Kino)
peligroso gefährlich
pelota Ball
pena Strafe, Schmerz
pensar* denken
peor schlechter
pequeño klein
perder* verlieren;
perderse sich verirren
periódico Zeitung
periodista (m+w) Journalist(in)
¡Perdón! Entschuldigung!
permiso Erlaubnis
permitir erlauben
pero aber
perro Hund
persona Person
pesado schwer
pescado Fisch (als Speise)
peso Gewicht
pez (m) Fisch
picante scharf (Speise)
pie (m) Fuß;
a p. zu Fuß
piedra Stein
pierna Bein
pieza Stück
pimienta Pfeffer
pintar malen
pintura Bild, Gemälde
piso Etage
plan Plan
planta Pflanze
plata Silber
playa Strand
plaza Platz
pobre arm
poco wenig
poder* können
podrido faul (Obst)
policía Polizei
política Politik
polola (feste) Freundin
pololo (fester) Freund
pollo Huhn, Hähnchen
pomada Salbe
poner* stellen, legen;
ponerse* sich anziehen (Kleidung)
poquito: un p. ein bisschen
por wegen, durch, für
poroto Bohne
porque weil
posible möglich
posición Lage (geogr.)
postal (w) Postkarte
practicar üben
precio Preis
pregunta Frage
preguntar fragen;
p. por bitten (um)
preocuparse sich sorgen
preparar vorbereiten
presentar (a) vorstellen (jmd.)
prestar sich leihen, verleihen
primavera Frühling
primero erster
principio Anfang
privado privat
probar kosten, probieren
problema (m) Problem
profesión (w) Beruf
profundo tief
programa (m) Programm
prohibido verboten
prometer versprechen
pronto bald
pronunciación Aussprache
propiedad Eigentum
propina Trinkgeld
proponer* vorschlagen
próximo nächster
prueba Beweis
pueblo Dorf
pueblo Volk
puente (m) Brücke
puerta Tür
puerto Hafen
puntual pünktlich
puro Zigarre
pus (m) Eiter

Q

que dass, welche(r, -s)
¿qué? was?;
¿por qu.? warum?
quedar(se) bleiben
quejarse sich beschweren
quemar brennen
querer* lieben, mögen, wollen
queso Käse
¿quién? wer?;
¿de qu.? wessen?
quitar wegnehmen;
quitarse sich ausziehen (Kleidung)
quizás vielleicht

R

radio (w) Radiogerät

rápido schnell
raro selten
recibir erhalten
recoger sammeln, abholen
recomendar* empfehlen
recuerdo Andenken
refrigerador Kühlschrank
refugio Unterkunft
regalo Geschenk
región (w) Gegend
registrar registrieren
regreso Rückfahrt
reírse lachen
reloj (m) Uhr
rentar mieten
repente: de r. plötzlich
repetir wiederholen
repuesto: pieza de r. Ersatzteil
reservar buchen, reservieren
resfriado erkältet
respuesta Antwort
restaurante (m) Restaurant
rico reich, schmackhaft
río Fluss
robo Diebstahl
rollo Film (Foto)
roto kaputt
ruego Bitte

S

sábana Laken
saber* wissen
sabroso schmackhaft
sacar herausziehen
sal (w) Salz
salida Ausgang, Ausreise
salir* weggehen, abfahren, abreisen
salud Gesundheit; **¡S.!** Prost!
saludar (be)grüßen
sangre (w) Blut
sanitario Toilette
sano gesund
satisfecho satt
secar trocknen
sección Abteil (Zug)
seco trocken
sed (w) Durst
seda Seide
segundo Sekunde
seguro sicher, Versicherung
semáforo Ampel
semana Woche
sentado: estar s. sitzen
sentarse sich setzen
sentimiento Gefühl
sentir* fühlen
señor Herr
señora Dame, Frau
señorita Fräulein
ser* sein (Verb)
servir* bedienen, nutzen
si ob, wenn (falls)
sí ja
siempre immer
silencio Ruhe
silla Stuhl
simple einfach
sin ohne
sino sondern
sismo Erdbeben
sobre auf, über; **de s.** übrig
sobre (m) Briefumschlag
sociedad Gesellschaft
sol Sonne
solo allein, nur
soltero ledig
sonreír lächeln
sopa Suppe
sostener* halten
suave weich
subir (ein)steigen
sucio schmutzig
sudar schwitzen
sueldo Lohn, Gehalt
sueño Traum, Schlaf
suerte (w) Glück
suficiente genug
Suiza Schweiz
suizo schweizerisch
suma Summe
sur Süden

T

tabaco Tabak
tal solcher; **t. vez** vielleicht
taller Werkstatt
tamaño Größe (Kleidung)
también auch
tampoco auch nicht
tampón Tampon
tanto so viel; **por lo t.** deshalb
tardar dauern; **tardarse** sich verspäten
tarde spät
tarde (w) Nachmittag, Abend
tarea Aufgabe
tarjeta Karte (Plastik)
taxi (m) Taxi

té (m) Tee
teatro Theater
techo Dach
tela Stoff
teléfono Telefon
telegrama (m) Telegramm
televisor Fernsehgerät
temblar* zittern
temer sich fürchten
temprano früh
tenedor Gabel
tener* haben, besitzen; **t. que** müssen
terminal Endstation; **t. de bus** Busbahnhof
terminar aufhören, (be)enden
terremoto Erdbeben
terreno Feld
testigo Zeuge
tía Tante
tiempo Wetter, Zeit
tienda Laden, Geschäft
tierra Erde
tijera Schere
timbre (w) Briefmarke
tío Onkel
tirar schießen
toalla Handtuch; **t. sanitaria** Damenbinde
tocar berühren, spielen (Instrument)
todavía noch
todo alles, ganz
tomar nehmen, trinken; **t. una foto** fotografieren
tonto dumm
tormenta Gewitter
torre (w) Turm
trabajador Arbeiter, fleißig
trabajar arbeiten
trabajo Arbeit
tradición Tradition
traducir* übersetzen (Sprache)
traductor Übersetzer, Dolmetscher
traer* (her)bringen
traje: t. de baño (m) Badeanzug, -hose
transferencia Überweisung
trapo (Putz-)Tuch
tratar behandeln, versuchen
tren Zug
triste traurig
tú du

U

universidad Universität
urgente dringend
usar benutzen
Usted(es) Sie (Ez. / Mz)
ustedes ihr

V

vacaciones (w,Mz) Urlaub, Ferien
vacío leer
vacunar impfen
vacuno Rind
valer* kosten (Preis)
válido gültig
valle (m) Tal
vapor Rauch
vaso (Trink-)Glas
vela Kerze
vencer (be)siegen
venda Binde (mediz.)
vender verkaufen
veneno Gift
venir* kommen
ventana Fenster
ver* sehen
verano Sommer
verdad Wahrheit; **de v.** echt
verdura Gemüse
vestido Kleidung
vez (w) (das) Mal; **otra v.** noch einmal; **tal v.** vielleicht **de v. en cuando, a veces** manchmal; **muchas veces** oft
viajar reisen
viaje (m) Reise
vida Leben
vidrio Glas (Material)
viejo alt
viento Wind
vinagre (m) Essig
vino Wein
visita Besuch
visitar besuchen, besichtigen
vivir leben, wohnen
volar fliegen
volver* zurückkehren
vomitar sich erbrechen
voz Stimme; **con v. alta** laut

Y / Z

y und
ya schon
yate (m) Motorboot
yo ich
zapato Schuh

Der Autor

Enno Witfeld (Jahrgang 1964) lebt in Brasilien und reist seit Jahren immer wieder in die verschiedensten Winkel Spaniens und Lateinamerikas. Seit er festgestellt hat, dass man mit den an der Uni erworbenen Sprachkenntnissen nicht alles versteht, interessiert er sich besonders für die spanische Umgangssprache mit ihren vielen länderspezifischen Besonderheiten.